國體の形而上學

國體・主權・國軍・自衛權

田中卓郎

展転社

目次

國體の形而上學

――國體・主權・國軍・自衞權――

第四章　自衛權とは何か

第一章　日本國體とは何か

―萬世一系の天皇存在―

一　日本の定義

日本國體とは萬世一系の天皇存在のことである。日本國家はこの萬世一系の天皇存在を根據として成立してゐる國家である（圖版『日本國體』參照）。「日本」といふ名を冠せられる凡ゆる人間及び事物は、その「日本」といふ形容を可能としてゐる屬性の淵源を最終的に天皇存在に依據してゐる。天皇存在は日本に關はる全存在の究極の根據であり、天皇存在無くしては日本國家及び日本に由來する全ての人間、事物及びその日本的屬性は成立しない。天皇存在は日本國家を日本國家たらしめ、これに歸屬する全ての人間、事物に「日本」といふ屬性を賦與することに於てそれら全てを一方的に規定し、且つそれらに規定されることは全くない始源である。この日本定義の階梯の序列は原理的且つ不可逆的である。即ち日本の始源、日本の定義そのものである天皇存在に先立ち、これを對象化して、新たにこれを恣意的に「規定する」、「定義する」とか、更にはこれを「改廢する」などといふことは論理的にも、存在論的にも不可能なのである。

歴史上「日本」は先づ國號として現れたが、そのことは「日本」といふ國號を必要とする國家がその當時存在したといふことを證明してゐる。そしてその國家は「日本」

といふ國號を得た時、今上陛下に到るまで連綿と續く萬世一系の天皇を戴く國家であつたことは疑ひやうも無い歷史的事實である。まさにこれが日本國家誕生の由來、即ち日本の定義が成立した經緯である。この名指しの必然性によつてのみ、日本は日本であり得るのであつて、それ以外の如何なる仕方によつても日本は日本ではあり得ない。かかる日本國家の成立以降、歷代天皇は萬世一系の系譜を保ちつつ、正しく我が國の天子として存在し續けてゐる。日本國家は、明確この上も無く同一の國家として、即ち天皇存在を國體として存在し續けてゐる。「日本」國號成立以降ばかりではない。日本國家が國號を明確に「日本」と定めて存在するやうになつてからそれ以前の歷史を振り返ると、「日本」國號成立以前にも同一の、即ち萬世一系の天皇存在を國體とする國家が「既に」存在してゐたことが改めて確認され、これをも亦「日本」と呼ぶことに寸毫も問題無きことは明白である。政治以外の領域に於ても勿論「日本」的と言はれる樣々な人々や事物が存在するが、冒頭に述べた如く、それら「日本」的な人々や事物の「日本」的な所以を求めて遡及すれば、必ずや天皇存在に歸着するであらう。さうでなければ、當の事物を「日本」的と形容する根據が無いといふことになる。天皇存在と何らかの關係無しには、「日本的」といふ性質は在り得ない（圖版『日本の定義』を參照）。

以上のことを否定する者は、端的に日本を否定する者である他は無く、斯様な者は日本國民たり得ない。このことは單に原理的な事態であつて、特定の思想心情次元の主張やイデオロギーの類では全くない。日本國民たる限り天皇存在を否定することは端的に不可能なのである。このことは換言すれば、天皇存在を對象化してあれこれと「規定し」、「その存廢を議論する」ことも原理的に不可能である、とも言へる。日本國民たる限り、その存在根據を天皇存在に得てゐるのであるから、これを對象化して、その存否を云々することは自らの存否を任意に改變出來るといふことに他ならず、こんなことは存在論的に不可能である。可能であると言ひ募る者あらば、自らの存在を自由に生ぜしめ、又消滅せしめよ。自分の望む如何なる者にでも生まれ變れ。我々人間に可能なことは、自らの存在根據を認識すること、日本國民ならば萬世一系の天皇存在を認識することのみであり、その認識は即自的にその認識對象である自らの存在根據たる天皇存在を肯定することを含意する。自らの存在根據を否定することは端的な矛盾であり、不可能であることは自明である。我々日本國民が自らの存在根據たる天皇存在を議論することは、その存在の絶對的所與性を自明不動の前提としてのみ辛うじて可能であり、導出される結論はその存在の肯定でしかあり得ない。これを要するに、「われわれ日本國民が天皇存在の存否を議論することは全く有害無益にして無用のことである」といふことになる。日本に關はる限り天皇存在からの超出は原理的に不可能である、といふ原初的事態からこの命題は導出される。これは所謂「皇國史觀」などと俗稱される低次元のイデオロギーとは全く異なる。この事態は、例へば、キリスト教に於ける世界創造神としての神と世界との關係に、存在論的には適切に比肩されるであらう。キリスト教徒として、世界創造神としての神を被造物たる人間側からあれこれ議論して「規定し」、「改變する」などといふことは抑も存在論的に不可能であるし、且つ道徳的にも赦されざる瀆神の罪ともなるであらう。われわれ日本人、日本國民にとつても天皇存在とはまさにかかる存在なのであり、これを受け容れられない者は日本國民たり得ないといふことである。天皇存在を「天皇制」などといふ誤つた表現で呼び（この表現が誤りであるのは、これがコミンテルン由來の、我が國の滅亡を企圖する左翼由來の用語であるといふ理由ばかりからではない。最も根本的な理由は、天皇存在は人爲的な「制度」ではない、といふことである）、「天皇制」は改廢可能な「制度」であり、しかも古代からの惡しき遺制なのであるから、廢止して「新しい日本」を造りませう、と喧傳する者らは、我が國の領土、國民を素材として日本以外の國家を、日本を滅ぼした後で自らの慾望の儘に造らうと企圖してゐることを公言してゐるに過ぎない。かう斷言出來るのは、日本國家の定義である天皇存在を否定して造り得る國家は、原理的に日本以外の國家でしかあり得ないからである。

以上のことは嚴格に論理的に存在論的な事態であり、明晰な頭腦の持ち主であれば、誰でも、外國人であつても、たとへ受け容れられはしなくとも、理解することは出來ることである。しかし、「萬世一系」については、神武天皇以降は歴史世界のことであるが、それ以前のことは神話に據る傳承を信ずる（この「信ずる」は「理解する」と同義であるが）ことによつてのみ成り立つ世界であることを以て、受け容れられない、と考へる外國人は少なくはないであらう。われわれが異人の神による世界創造を信じられぬやうに、それはそれで構はない。仕方の無いことである。しかし、以下のことは言つておかねばならぬ。異國の神の世界創造神話は、その特定の神を信仰せぬ限り理解出來ぬことであるが、我が國の萬世一系の天皇存在を中心とする國體の生成物語は、存在の端緒は如何なる科學理論によつても解明出來ないといふ事實を受け容れる限り、如何なる特定の神信仰をも前提とせずに存在一般の生成の形而上學として理解され得るといふ普遍妥當性を有つてゐる、といふことである。（純粋に存在の原初の姿を留めてゐるがゆゑに具體性に乏しく、それゆゑ現實生活に必要な具體的姿を纏つて我が國の神々は、例へば本地垂迹説では「佛の立ち現れ」となつて民衆の前に出て來たのであらう。）世界生成の由來は科學的には解明されぬことであるがゆゑに（例へば、ビッグ・バン理論はビッグ・バンの「瞬間」及びビッグ・バン「以前」を解明出來ない）、原初の解明を含む神話傳承は、存在の「解明」（自然科學の立場からはそれは解明でも何でもないと主張されるであらうが）といふ意味に於ては、科學が「解明不能」と結論することについて、神代からの傳承といふ形で合理性を超えて直截に語ることが出來るといふ意味に於て、形而上學的には科學理論が有ち得ない根源的な意味があると考へられる。世界生成の不可思議を含めた全世界、全實在の語りとして、萬世一系の天皇存在は首尾一貫した、それからの超出を許さぬ全體を形成してゐる、といふことである。そして、神々の系譜に繫がる萬世一系の天皇存在が壓倒的な現實的説得力を有つのは、その現實に於ける立ち現れとして今上陛下や皇太子殿下が現實に存在してゐるといふことである。「一」の包括的全體性といふ存在論的性格を考へれば、直ちにこのことは理解されよう。このことを本居宣長は實に簡明直截に述べてゐる。

…。先天地は一枚なれば、皇國も、漢國も、天竺も、其餘の國々も、皆同一天地の内にして、皇國の天地、漢國の天地、天竺の天地と別々にあるものには非ず。然れば其天地の始まりは、萬國の天地の始まり也。然れば、古事記、日本紀に記されたる天地の始まりのさまは、萬國の天地の始まりのさまにあらずや。然れば其時に成出でたまへる天御中主神以下の神たちは、これ萬國の天地の始まりの神たちにして、日神はこれ、萬國を照し給ふ日神にあらずや。

（『鈴屋答問録』本居宣長　岩波文庫　一二七〜一二八ページ）

二　大日本帝國憲法の形而上學的な正しさ

少なくともわれわれ日本國民にとつて、萬世一系の天皇存在及びこれを中心とする國體は、其處からの超出が原理的に不可能な、即ちこれを對象化して規定したり、改變したりすることが原理的に永遠に不可能な、超越的で原初的な所與である。日本國民としてわれわれわれに出來ることは、日本國民たる限り、かかる國體を明確化して嚴格に認識し、あるいは文字に刻んでも構はないが、これを鑽仰することしか在り得ないのである。ゆゑに、もし我が國に、憲法なる、法制度としては西洋由來の、國制の根本法典が必要であるとすれば、それはかかる國體の明確な「記述」としてしか存在し得ないことは論理的必然である。即ち、我が國のあり得べき「憲法」は、既に「天壤無窮の國體」として、文字に刻まれてゐるか否か、即ち「憲法」といふ形態を採るか否か、などといふことには全く影響されること無く、天壤無窮に、即ち永遠に、過去も、現在も、未來も、嚴然として存在してゐるのである。そして、この我が國體は萬世一系の天皇存在を中心とする唯一無二のものなのであるから、かかる根本事態に嚴格に對應して、それの明確な「記述」である他はあり得ない我が國のあり得べき「憲法」も亦、唯一無二の法典、即ち大日本帝國憲法發布敕語に記されてゐる如く「不磨の大典」である他は無いのである。かかる唯一無二の「不磨の大典」たる我が國の憲法とは言ふまでも無く大日本帝國憲法である。帝國憲法は今私が述べた形而上學的な認識を以て起草制定された。そのことは告文及び上諭に明確に記述されてゐる。先づ大日本帝國憲法御告文を引用する。

皇朕レ謹ミ畏ミ
皇祖
皇宗ノ神靈ニ誥ケ白サク皇朕レ天壤無窮ノ宏謨ニ循ヒ惟神ノ寶祚ヲ承繼シ舊圖ヲ保持シテ敢テ失墜スルコト無シ顧ミルニ世局ノ進運ニ膺リ人文ノ發達ニ隨ヒ宜ク
皇祖
皇宗ノ遺訓ヲ明徴ニシ典憲ヲ成立シ、條章ヲ昭示シ内ハ以テ子孫ノ率由スル所ト爲シ外ハ以テ臣民翼賛ノ道ヲ廣メ永遠ニ遵行益々國家ノ丕基ヲ鞏固ニシ八州民生ノ慶福ヲ増進スヘシ茲ニ皇室典範及憲法ヲ制定ス惟フニ此レ皆
皇祖
皇宗ノ後裔ニ貽シタマヘル統治ノ洪範ヲ紹述スルニ外ナラス而シテ朕カ躬ニ逮テ時ト倶ニ擧行スルコトヲ得ルハ洵ニ
皇祖
皇宗及我カ
皇考ノ威靈ニ倚藉スルニ由ラサルハ無シ皇朕レ仰テ
皇祖
皇宗及
皇考ノ神佑ヲ祷リ併セテ朕カ現在及將來ニ臣民ニ率先シ此ノ憲章ヲ履行シテ愆ラサラムコトヲ誓フ庶幾クハ
神靈此ヲ鑒ミタマヘ

（出典はウィキソース大日本帝國憲法　書式設定字數に因らない改行は出典の表記に依る。）

御告文の表記や用語の難しさや内容に對する馴染みの無さから、これは啓蒙されざる神祕主義である、などといふ淺薄皮相な誤讀は嚴に排されなければならない。存在の始源に關して明晰な認識を示した格調高い文章であり、その記述は、形而上學的にも深い内容を具備してゐる。その解説を若干試みると、全文に亙り無駄な記述は無く、全て重要な敍述と言ふべきであるが、取り分けこの御告文の形而上學的要點は次の敍述である。「茲ニ皇室典範及憲法ヲ制定ス惟フニ此皆皇祖皇宗ノ後裔ニ貽シタマヘル統治ノ洪範ヲ紹述スルニ外ナラス而シテ朕カ躬ニ逮テ時ト倶ニ擧行スルコトヲ得ルハ洵ニ皇祖皇宗及我カ皇考ノ威靈ニ倚藉スルニ由ラサルハ無シ」。この文言は憲法發布への形式的な頌詞、あるいは戰後體制下では惡しき天皇絶對主義を表明した文言と見做され、否定されて顧みられぬのであらうが、極めて重要な内容を記述した文言である。その内容とは、この箇所は〈我が國體は人爲的に案出された存在ではなく、何處まで遡及してもその人爲的始まりには辿り着けず、その始まりは存在そのものとしか表現しやうの無い始源に到る。かかる原初的實在に繋がる萬世一系の天皇存在が我が國體であり、これに據らざるものは我が國には一切無い。今茲に皇室典範及び憲法を制定するが、これらは悉く皇祖皇宗の傳へ遺したものであつて、朕はそれらを單に記述するに過ぎない〉といふ形而上學的認識の明確な表明である。既に確認された如く、かかる國體を憲法で人爲的に「規定する」ことなど原理的に不可能であり、われわれ日本國民に出來ることは、何處まで遡及しても「既に」存在してゐる國體を能ふ限り正確に記述してこの記述を「憲法」とすることのみである。この「天壤無窮の國體の記述としての憲法の制定」は、その中心たる萬世一系の天皇存在を「規定する」ことでは全くない。そんなことは原理的に不可能であり、我が國の憲法は天壤無窮の皇祖皇宗の規範を傳承の儘に「記述する」のみである。このことを述べたのが「皇朕レ天壤無窮ノ宏謨ニ循ヒ寶祚ヲ承繼シ舊圖ヲ保持シテ敢テ失墜スルコト無シ顧ミルニ世局ノ進運ニ膺リ人文ノ發達ニ隨ヒ宜ク皇祖皇宗ノ遺訓ヲ明徴ニシ典憲ヲ成立シ條章ヲ昭示シ」といふ箇所である。大日本帝國憲法とはかかる憲法であるといふ存在論的眞理が、莊嚴極まる表現で述べられてゐるのが御告文である。

既に確認された如く、存在の始源は合理的には說明出來ず、合理性に代る解明が必要である、といふことである。國家成立の說明として最も「先進的」で現代民主國家制度の基盤思想と考へられてゐる所謂契約說なるものも、さう考へれば法的權能の發生を一應簡便に說明出來るといふだけの思ひ附きに過ぎず、抑もそんな「契約」なるものは可能か、といふ當然の疑問には何も答へられず、理性的にさう考へる他は無いといふ意味で「理念」である、などといふ說明は（例へばカントはさう說明してゐる（『永遠平和のために』宇都宮芳明譯　岩波文庫　本文一五ページ及び譯注））單なる神祕主義に過ぎないとも批評出來る代物であり、合理的説明になつてゐる譯でも何でもない。要するに「契約」を結ぶまでのお膳立てを全てして下さる「我が神」が法典に記述されてゐないだけのことでなのである。存在根據としての神と實定法との間に兩者を結ぶ現實的存在が無いのである。カントは永遠平和を保證するものとして「自然」の「合目的性」を擧げ､更にその根據として擧げるものは「理性」であり､「理念」であるが（『永遠平和の爲に』第一補説　永遠平和の保證について）､「理性」も「理念」も、さういふものが存在しなければ説明が出來ず、都合が惡いといふ意味に於て「存在しなければならない存在」であるに過ぎず、その現實存在が現實に證明出來てゐる譯ではないものなのである。契約説に依據する民主制が最も先進的で合理的である、などといふことは全く事實ではなく、最終的基礎付けは合理を超出する形而上學に依據する他は無いといふ事情は我が國體と全く同樣である。契約説はその基礎付けの根據が現實存在でないがゆゑにそれを法典に記述出來ないといふだけのことであり、敢へて言へばその實態は「契約神授説」とでも言ふべき代物であるに過ぎない。契約説に優越の實は何も無いと言はなければならない。然るに獨り我が國のみが萬世一系の天皇存在を國體と爲し、しかもそれは今上天皇陛下として現實に眼前に確固として存在してゐるがゆゑに明確に憲法の冒頭に記述出來るのである。かかる現實存在としての萬世一系の天皇存在を國體の中心として憲法の冒頭に記述することは法治國家として當然のことであり、憲法に傳説を記述する（宮澤俊義は既に戰前の東京帝大法學部の講義に於て、美濃部の後繼者として天皇機關説の立場から天皇の地位を講じて天皇機關説に關與してゐるとの嫌疑を避ける爲に第一條から第三條迄を「傳説」と決めつけて解説しなかつたさうである。（小堀桂一郎『今上天皇論』第一部　宮澤憲法學の天皇觀　六「東京帝國大學法學部憲法第一講座」））のは未開野蠻の神祕主義である、などといふ批判は、我が國體の存在論的首尾一貫性を理解出來ぬ愚昧の現はれに過ぎない。寧ろ自らの根據を明確に出來ない契約説の方にこそ、意識されざる「神祕」は「理性」や「理念」や「自然法」などといふ「僞裝された形」で殘存してゐると言はなければならない。

次に大日本帝國憲法發布敕語を見てみよう。御告文と同樣に發布敕語には萬世一系の天皇存在が我が國の國體の中心であり、存在根據であることが明確に述べられてゐる。天皇存在について規定する文言が無いのは、そのことが神祕への盲目的崇拜や信仰の現れゆゑにではなく、始源的存在根據はそれより上位の存在が在り得ないがゆゑに規定され得ないといふ形而上學的認識の現れである。「朕カ祖宗ニ承クルノ大權」といふ文言は、「天皇存在が原初的實在に發してをり、その儘の無制約性を保持してゐるがゆゑに有する無制約的な權能」といふ意味であり、所謂王權神授説の如き神祕主義の表明なのではない。

次に上諭を見てみよう。「朕祖宗ノ遺烈ヲ承ケ萬世一系ノ帝位ヲ踐ミ」といふ文言は一種の定型表現になつてゐるとも言へるが、それは決定的に重要な内容を有つがゆゑに定型化されてゐることを常に想起する必要がある。その内容とは、「天皇存在は存在の始源に繋がり、それと一體不可分の存在であり、皇位はそれゆゑに根源的に正統であり、無制約的である」といふ意味である。これだけの内容を「萬世一系ノ帝位ヲ踐ム」といふ定型句は常に縮約して意味してゐるのである。「國家統治ノ大權ハ朕カ之ヲ祖宗ニウケテ之ヲ子孫ニ傳フル所ナリ」といふ文言も意味明快であり、「始源的無制約者である萬世一系の天皇存在が日本國體として日本國家に立ち現れれば、必然的に國家統治の無制約的權能と成らざるを得ず、且つその權能は萬世一系の皇位が繼承されることによつてのみ正しく繼承される」といふ意味である。「大權」とは「始源的無制約的權能としての主權が直截に發現した際の政治的權能」といふ意味である。既に幾度も確認されてゐるが、「不磨の大典」たる大日本帝國憲法は、天壤無窮の國體の忠實な記述であるがゆゑに改正は原則的には生じ得ないのであるが、將來萬一（非本質的な箇所に於て）改定する必要が生じた際の改正の原則を述べたのが次の文言である。「將來若シ此ノ憲法ノ或ル條章ヲ改定スルノ必要ナル時宜ヲ見ルニ至ラハ朕及朕カ繼統ノ子孫ハ發議ノ權ヲ執リ之ヲ議會ニ付シ議會ハ此ノ憲法ニ定メタル要件ニ依リ之ヲ議決スルノ外朕カ子孫及臣民ハ敢テ之カ紛更ヲ試ミルコトヲ得サルヘシ」。これが専制的な「天皇絶對主義」の表明などではないことは最早明白であらう。これまで縷說して來た國體の存在論的解明の憲法改正に關する明快な論理的歸結である。煩を厭はず解說しよう。「帝國憲法は萬世一系の天皇存在を中心とする天壌無窮の國體の記述である。天皇存在は「萬世一系」であるがゆゑに存在の始源に正しく繋がり、始源であるがゆゑに何者にも制約されない無制約者である。これの記述たる憲法の改定を發議する權能が無制約者自身、即ち天皇存在、具體的には當代の天皇にのみ有り、他の如何なる者も有ち得ないのは論理的必然である」。かかる理路に如何なる神祕も未開野蠻も容喙し得ないことは明々白々であらう。

三　大日本帝國憲法の天皇條項

以上の御告文、發布敕語、上諭を踏へて、大日本帝國憲法は第一章天皇から始まる。此處まで帝國憲法は萬世一系の天皇存在を中心とする天壤無窮の國體の忠實な記述であることを詳說して來たが、憲法の條文でかかる國體の記述に該當するのは天皇存在についての記述である第一條から第四條までであることは改めて言ふまでもない。これらの條文、取り分け第一條から第三條までは「不磨の大典」の中でも核心部分であり、萬世一系の天皇存在とは何かを記述した、未來永劫に亙り改定など全くあり得ぬ條文である。第一條から第三條までは天皇存在とは何かについての包括的記述であり、法典の條文に限局されない普遍的記述とも評されよう。これらに較べると第四條は天皇の國政上の執務について記述してゐるといふ點に於て區別することが出來る條文であるが、具體的に何をするのかについて規定する條文ではないことに於て第一條から第四條まで一括りにして扱ふことに問題は無いとも言へよう。

これら第一條から第四條までの天皇に關する條文に關して最も重要なことは、既に幾度も指摘されたやうに、これらの條文はいづれも決して天皇を規定してゐるのではなく、これらの條文によつて天皇は法制上の權能を與へられてゐる譯でも全くないといふことである。眞實は正反對で、憲法を含むあらゆる法律がその權能の根據を天皇存在から得てゐるのである。このやうな理解は戰前期の宮澤俊義にも明確に見られ（昭和十七年刊の『憲法略説』）、帝國憲法解釋に於て正統的なものであつたのであらう。これは學説史的には「神敕主權主義」と呼ばれるらしいが、表現の放つ神祕的な響きや端的な無制約性である國家主權に下位分類があるかの如き印象を與へる「～主權」といふ表現になつてゐることに於て適切な表現とは言へないが、意味する内容は全く的確で眞正なものであり、曖昧な神祕さは何も無い。

以下、逐條的に概觀する。

第一條　大日本帝國ハ萬世一系ノ天皇之ヲ統治ス

萬世一系の天皇存在が我が國體であるといふ日本國家にとつての原初的な事態を現實の國制に即して簡潔に表現すれば、第一條の如くに書く他はあるまい。君主、皇帝等、安易に具體的地位の名稱を述語として用ゐて、天皇を規定する條文であるとの誤解を避ける爲にも「統治ス」は包括的表現として適切である。（倉山滿は『帝国憲法物語』で「『義解』は第一条の解説で「統治」の意味を「シラス」と同じだとする。「シラス」とは支配を意味する「ウシハク」に対する語である。…『義解』が説く「統治」とは、すなわち帝国憲法が想定している意味は「シラス」であり、天皇が支配権を行使することは戒められている」と解説してゐる。）その具體的内容は第五條以下の諸條で列擧されてをり、上諭で述べられてゐる如く、狀況次第でそれらは改定される可能性はあるだらう。大日本帝國憲法義解にはこのことが「恭みて按ずるに、天皇の寶祚はこれを祖宗に承け、これを子孫に傳ふ。國家統治權の存する所なり。而して憲法に殊に大權を掲げて之を條章に明記するは、憲法に依て新設の義を表するには非ずして、固有の國体（參照文獻の表記に從ふ）は憲法に由りて益々鞏固なることを示すなり」（國會圖書館デジタル・アーカイブ所藏の岩波文庫本）と解説されてゐる。
小堀桂一郎教授は上述のことを宮澤俊義『憲法略説』を引用しながら以下の如く解説してゐる。極めて重要な解説なので、長くなるが該當箇所を引用する。

まづ第一條であるが、前提として、〈國家の固有な統治體制原理は不變的なものでなくてはならぬ。固有な統治體制原理の變更は國家の本質の變更であり、國家そのものの變更であるから、その原理は本質的に不變性を特色とする〉（傍點引用者）と説かれる。この命題を基礎としてその上に具體的に第一條の解説がくる。

大日本帝國は萬世一系の天皇永遠にこれを統治し給ふ。これわが肇國以來の統治體制の根本原理であり、これをわが國家における固有且つ不變な統治體制原理とする。それは、いふまでもなく、宏遠なるわが傳統のうちにおいて發生したものであり、諸諸の古典に傳へられる皇孫降臨の神敕以來、天照大神の神孫この國に君臨し給ひ、長へにわが國土および人民を統合し給ふべきことの原理が確立し、それがわが統治原理の不動の根柢を形成してゐる。（『憲法略記』七三頁）

文字通り、神敕主權主義の學説の典型といつてよい筆法である。つまり宮澤氏もたしかに神權主義者だつたのだ。そして神敕が我が國の〈諸諸の古典に傳へられる〉といふのだから、この時は宮澤氏はそれを傳説だと斥る見方を取つてはゐなかつたわけである。續く注釋の中で宮澤氏は非常に重要なことを言つてゐる。

國家の固有・不變な統治體制原理はその國家成立と共にすでに存するのであり、成文法の規定を俟つて始めて存するのではない。（中略）憲法第一條等の規定はすでに存するわが國家の根本原理を宣言したもので、別段創設的意味をもつものではない。（中略）從つて、そこで定められる國體の原理は帝國憲法または皇室典範によつて基礎づけられてゐるのではなく、反對に帝國憲法または皇室典範が、從つてまたわが國法の全體がそれによつて基礎づけられてゐると考ふべきである。（前掲書七三―七四頁）

わかりやすく言へば、宮澤氏は國法が國のあり方を規定してゐるのではなく、國のあり方が法にあらはれたのだ、肇國以來の傳統に基く現實の反映が法だ、としてゐるのであつて、この意見は甚だ重要である。（『今上天皇論』一一九～一二二ページ）

小堀教授は宮澤の戦前期の著述『憲法略説』を引用するといふ形で、賤しき變節漢であつた人格と峻別してその内容の正しさを正確に解説してゐる。萬世一系の天皇存在は人爲に據る案出では全くなく、人が何處まで遡及しても「既に在るもの」として存在してゐる眞正の超越的無制約者である。我が國はかかる萬世一系の天皇存在によつて一方的に規定されることによつてのみ日本國家であり、我が國民は日本國民であり得るのである。これは啓蒙されざる未開な祖先崇拜などでは全くなく、存在の始源の解明を含む最高度の存在論、形而上學である。かかる認識を宮澤も美濃部も何故確信し得なかつたのか。小堀教授も第三條の宮澤著書の引用への解説で「ここでも法規が現實の創設を命じてゐるのではなく、民族的信念といふ現實に、法律的表現を與へるとかうなるのだ、法は現實の反映なのだ、といふ法思想が明瞭に現れてゐる。これは立派な學問的議論ではないか」と的確に批評されてゐる。

第二條　皇位ハ皇室典範ノ定ムル所ニ依リ皇男子孫之ヲ繼承ス

これは神代より繼承された皇位繼承の方途をその儘に記述した條文で、國體たる萬世一系の天皇存在は人爲的案出ではないといふことを明示する條文であり、第一條と不可分の一體を成す條文として、第二條として書かれねばならぬ内容を有つ條文である。第一條、第二條の兩條倶に我が國體の何たるかを明言した根本條文でこれこそ「不磨の大典」そのものである。この兩條文を改定することは直ちに國體破壞となる。
第三條　天皇ハ神聖ニシテ侵スヘカラス
この條文は憲法學では一般に君主の無答責を述べた條文と解釋されてゐるとのことであるが、法學の全くの門外漢である私には、萬世一系の天皇存在の存在性格を考へると、この條文中の「ヘカラス」は可能の否定「〜することは出來ない」といふ意味に感じられる。即ち、存在發出の階梯の序列から考へると、その始源に位置する天皇存在を如何なる仕方であれ、これを侵す存在は少なくとも我が國に於ては存在し得ない、といふ原理的事態を意味してゐるやうに思はれるのである。それは法學的術語で表現すれば「君主の無答責」と一般的に言はれるのかも知れないが、萬世一系の天皇存在は我が國にのみ存在するといふ特別の事情を考慮すれば、この條文も諸外國に於ける意味とは異なる獨自性があると言はなければならない。
第四條　天皇ハ國ノ元首ニシテ統治權ヲ總攬シ此ノ憲法ノ條規ニ依リ之ヲ行フ
この條文の要點は、先行三條文と全く同じく、この條文の規定によつて天皇は國家元首になるのでもなければ、統治權を賦與されるのでも全くない、といふことである。天皇の統治權の根據は天皇自身であり、憲法自體の存在根據も亦天皇存在なのであるから、自らの存在の存在根據を、其處から發出してゐる派生事物がこれを規定して制約する、などといふことは原理的に不可能である。（岩波文庫版帝國憲法義解の（注）には「義解に依れば、「統治權」および「統治の大權」の英譯はそれぞれ The rights of sovereignty および The sovereign power over and of governing the State と譯してゐる」と記されてゐる。この英譯表現に依ると「統治權」および「統治大權」は國家に於ける無制約性たる主權の具體的内容を意味することが明瞭である。）我が國の統治權を天皇が總攬することは、天皇存在が始源的存在として原理的に具備する日本に關はる全ての屬性の内の主要ではあるが、一つの屬性に過ぎないのである。統治權の總攬の具體的内容を以下に列擧する前に、それらは全て原理的に天皇の屬性から導出されるものである、と解説してゐるのがこの條文である。「天皇ハ國ノ元首ニシテ」といふ文言も、統治權の總攬と同樣、天皇はこの條文によつて元首であると規定されるのではない。天皇存在は國體そのものなのであるから、「元首である」ことは自明の屬性であり、改めて述べられる必要はないことである。日本の始源的存在根據である天皇存在が「元首にして統治權を總攬する」ことは自明にして必然的な屬性であり、かかる屬性を具備するのに如何なる法制上の規定も必要としない。日本國家の凡ゆる法制は抑も天皇存在を存在根據としてゐるのである。帝國憲法義解には「蓋し統治權を總攬するは主權の體なり。憲法の條規に依りこれを行ふは主權の用なり。體有りて用無ければ之を專制に失ふ。用有りて體無ければ之を散慢に失ふ」と解説されてゐる。「元首である」といふ法制上の規定が必要になるのは、「統治權を總攬する」といふ法制上の規定との關聯からである。「統治權を總攬する」といふ法制上の機能が「元首である」といふ法制上の地位を必要としてゐるのである。元首でなければ統治權を總攬出來ないからである。このことを帝國憲法義解の（附記）は「三權各々其の機關の補翼に依り之を行ふこと一に皆元首に淵源す。蓋し國家の大權は之を國家の覺性（覺性とは the seat of the will といふ意味ださうである）たる元首に總べざれば、以て生機を有つこと能はざるなり。憲法は即ち向て適當なる定分を與へ、その經路機能を有たしむる者にして、君主は憲法の條規に依りて其の天職を行ふ者なり」と解説してゐる。元首とはかかる法制上の地位（國家に於ける最高の地位であるにせよ）であるに過ぎないが、天皇存在はかかる法制上の一地位では全くなく、抑もかかる地位そのものの存在を可能とし、これを根據附ける始源的、包括的存在であり、どのやうな仕方であれ、これを超越的な立場から（抑もこのやうな立場は存在し得ないがゆゑに）規定し、限定することは原理的に不可能なのである。（このことを理解することは現行僞憲法の國體破壞の明白な證據を暴き、理解する上でも決定的に重要なことであるが、これについては改めて詳述する。）かかる決定的に重要な存在論的認識が宮澤俊義の師匠である美濃部達吉が唱へた天皇機關説には缺如してゐた。通説では『憲法講話』において天皇機関説を提唱し、大正デモクラシーにおける代表的理論家として、民主主義的な日本の発展に寄与」（ウィキペディア美濃部達吉）した、として肯定的に評價されることが多い天皇機關説であるが、大日本帝國憲法即ち我が國體の眞髓を把握出來てはゐなかつたのである。

四　天皇機關説の根本的誤謬

（一）天皇機關説の概括的定義

先づ天皇機關説の概括的定義を確認する。
ウィキペディアの記述に據れば、

天皇機関説とは、大日本帝国憲法下で確立された憲法学説で、統治権は法人たる国家にあり、天皇はその最高機関として統治権を行使すると説いたものである。国家法人説に基づき、憲法学者・美濃部達吉らが主張した学説で、天皇主権説（穂積八束・上杉慎吉らが主張）などと対立する。

と冒頭に定義されてゐる。別に宮澤俊義からの引用も紹介されてをり、それは

国家学説のうちに、国家法人説というものがある。これは、国家を法律上ひとつの法人だと見る。国家が法人だとすると、君主や、議会や、裁判所は、国家という法人の機関だということになる。この説明を日本にあてはめると、日本国家は法律上はひとつの法人であり、その結果として、天皇は、法人たる日本国家の機関だということになる。

これがいわゆる天皇機關説または単に機関説である。

―宮沢俊義『天皇機関説事件（上）』有斐閣、1970年。

といふ解説である。（拙論は歴史上の事件としての天皇機關説事件の嚴格に實證的な歴史研究ではなく、形而上學的原理論であるので、歴史的事實に言及する際には議論の展開に最小限必要な事實確認に留め、その參照資料も現在容易に參照可能な一般レヴェルのものに留る。拙論の論旨に於て重大な問題であると考へられぬ限り、參照資料の信憑性の檢證はしない。それは煩瑣で膨大な作業を要する別の論考となるからである。）

天皇機關説の何が問題なのか。

宮澤俊義の定義に據れば、先づ國家法人説なるものが説明される。これは、「国家を法律上ひとつの法人だと見」て、「君主や、議会や、裁判所は、国家という法人の機関だ」と見做す學説であるとのことであるが、そのやうな見方が特別な學説なのか、門外漢の素人には良く理解出來ない。議會や裁判所が國家の機關であることは何も特別なことではなく、これらは近代國家には普遍的に存在すると言つてもよい機關であると考へられるからである。この學説に特有の珍しさがあるとすれば、君主を機關であると見做した點であるかも知れない。君主は通常個人であり、議會や裁判所のやうな機關と同じ種類の機關とは考へられないからである。この考へを我が國に當て嵌めれば天皇機關説となる譯であらう。

ウィキペディアの説明の結論部分の解説には、「衆議院憲法調査会・事務局作成資料「明治憲法と日本国憲法に関する基礎的資料」に基づくとする天皇機關説の理論構成を以下の如く纏めてゐる。

1. 国家は、一つの団体で法律上の人格を持つ。
2. 統治権は、法人たる国家に属する権利である。
3. 国家は機関によって行動し、日本の場合、その最高機関は天皇である。

4. 統治権を行なう最高決定権たる主権は、天皇に属する。
5. 最高機関の組織の異動によって政体の区別が生まれる。

先づ國家法人説に據る國家の定義である「國家を法律上一つの法人と見る」といふ定義が唐突でドグマ的であり、何故さう見なければならないのか、説得力に缺ける。國家法人説によるこのやうな國家の定義は、國家の始源的、究極的定義になつてゐないのである。精々、國家法人説は國家の存在は自明のことであると前提し、國家成立後の國家經營、國家統治に必要な具體的で實際的、實用的な法制度を説明する便法であるに過ぎない。要するに君主をどのやうに政體に組込めば法律的に巧く位置附けられるのか、といふ政體論の一つに過ぎないのである。かかる粗雜な便法に加へて、「天皇＝君主」といふこれ亦粗雜な等式を適用して導出されたのが天皇機關説である。

(二)「主權」語義の混亂

國家の究極の定義は、現實に於ける究極の權能である主權を有つ政治的共同體である、といふことである。主權の何たるかは次章で詳説するが、當面の議論に必要な限りに於て先行して言ふと、國家と主權とは相互に定義し合ふ始源的存在である。國家とは主權を有する共同體であり、主權とは國家が有する現世究極の無制約的權能であり、主權以上の權能は世界には存在しない、といふことである。無制約性である主權を有つ共同體として、即ち主權國家として近代國家は誕生したと言つてよいのである。勿論、本來の無制約性を有つ眞の無制約者は神であると考へられるのであるが、神の存在に關して全世界的に妥當する普遍的認識は成り立たぬがゆゑに、長く悲慘な宗教戰爭が戰はれた。「我が神尊し」に合理性は成り立たないのである。その結果、宗教戰爭を終結させる方法として案出されたのが、所謂ウェストファリア體制と呼ばれる個別主權國家併存體制である。現在の世界秩序でもあるこの體制の存在論的要點は、神の屬性である無制約性を個別主權國家内に限定して、國境を超える如何なる無制約性も認めない、といふことである。即ち、國家主權を以て現世に於ける權能の最終根據と爲す、といふ約束を當時の西洋主要國の間で取り決めた、といふことである。この制度を全世界に擴大したのが現在の世界秩序に他ならない。「我が神尊し」は自分の國の中だけのことですよ、「我が神」を旗印に他國に攻め入つてはいけませんよ、といふことがこの體制の究極の要點である。さう決めることによつて宗教戰爭を何とか終熄させたのである。個別國家主權は當該國に於て政治的權能として神の如き無制約性を原理的に有つ。即ち、敢へて逆説的な言ひ方をすれば、國家主權には「端的な無制約性」といふ「無規定性」しか「規定」はあり得ないのである。

この要點を認識すれば、現在のイスラム過激派のテロは近代世界の秩序を根本的に否定しようとしてゐることが明白に看取される。かの者らは國家主權の權能の象徵であるパスポートを燒き捨てるヴィデオを世界中に放映し、人質を斬首して殺す際には必ず「アラー・アクバル！」と叫ぶ。かの者らは何故神に叫ぶのか。それは己れが爲さんとしてゐる殺人を犯罪ではなくする爲である。その叫びによつて神の無制約性に達し、それに由來する行爲であると爲すことによつて自らを罪から「解放する」のである。神はあらゆる道德及び法的權能の究極の根據である。この叫びによつて斬首の「違法性」は即座に阻却され、犯罪ではなくなるのである。かかる意味に於てかの者らの叫びは、斬首する者とされる者雙方の命の重みが負荷されてゐることは間違ひない。

ところが、國家法人說及び天皇機關說の樣々な概說を讀むと、「主權」に樣々な形容を附して種類分けをしてをり、それらを前提して解說してゐる。これは主權概念の新たな定義であるとも言へるが、今確認された無制約性といふ主權の本質から見ると直ちに否定される他はない誤謬であると言はなければならない。

ウィキペディアの天皇機關說の概要といふ箇所に以下の如き解說が記されてゐる。

長くなるが、煩を厭はず引用する。

先づ帝國憲法の第一條及び第四條が引用され、兩條文への解説としてであらう、括弧に包んで第一條には（天皇主權）、第四條には（統治大權）との「解釋」が自明のことのやうに附されてゐるが、第一條を「天皇主權」と「解釋」するのは決定的な誤りであり、第四條を「統治大權」と規定することも、天皇存在と主權との正確な理解が前提となつてのみ可能となる規定である。

何度でも強調せねばならぬことは、上述のやうに主權は法制上原理的に個別主權國家に措定された無制約性のことであり、主權を擔ふ主體は原理的に國家のみであり、このこと以外の規定を主權に對して加へることは「無制約性に制約を加へる」といふことになり、端的に無意味なのである。「天皇機関説においても、国家意思の最高決定権の意味での主権は天皇にあるとのことであるが、主權は當該國に於ける無制約者であるから、「國家意思の最高決定權の意味での」といふ限定形容句は全く無意味な同語反覆である。「主權は天皇にある」といふ誤認（「主権は天皇に在る」といふやうな文言は帝國憲法には無い）こそが帝國憲法を正確に理解することを阻む最大の障碍である。かかる誤つた帝國憲法解釋は亡國左翼勢力の意圖的策謀であるのか、將又敗戰利得者らの愚昧の然らしむる處であるのか、恐らくはその兩方であらうが、それは扠措き、この誤謬を正さう。正しい解釋は「天皇存在は國體であり、主權は天皇存在を國體とする日本國家に在る」である。主權の主體は日本國家であり、これ以外ではない。日本國家の中に於て更に細かく主權の所在を探し求めることは全く無意味であり、誤りである。それは、主權の所在の探求を口實として日本を對立勢力に分割して爭はせ、以て日本を滅ぼさんとする邪惡な勢力の邪惡な企みに相違あるまい。「天皇主權」から「國民主權」への移行、などといふ虚妄はその典型である。又、統治權に關して、主權が統治權を包含することは自明であり、しかも主權は統治權に限定されない端的な無制約者であるので、「統治權としての主權」といふ表現は極めて不適切である。「統治權としての主權」を有つのが國家である」といふ意味で「國家主權説」といふ表現を用ゐるのは、「統治權としての主權」といふ主權の誤つた規定の上に更にその誤りを命題の形にして新たな意味を有つかの如き新たな誤解を產み出すといふ點で二重に不適切である。未だある。「國家意思の最高決定權としての主權」といふ規定の不自然さ、珍妙さは際立つてゐる。一體「國家意思の最高決定權」ではない「主權」などといふものが在り得ようか、と問へばかかる規定の愚劣さ、無意味さは直ちに理解されよう。かかる「主權」を有つのは何か、といふ愚問に「君主である」と答へるのが君主主權説であり、「國民である」と答へるのが「國民主權説」ださうである。續いて「「國家主權説」は「君主主權説」とも「國民主權説」とも兩立出來る」といふあまりにも愚かしい「解説」が附けられてゐる。主權が國家に在るのであれば、その國民にも君主にも主權が存在するのは自明のことである。解説に據れば、美濃部達吉の天皇機關説は、統治權の意味では國家主權、國家意思最高決定權の意味では君主主權（天皇主權）を唱へたさうである。（圖版『國「民」主權の詐術』を參照。）

（三）天皇機關説の根本的誤謬

天皇機關説の根本的な誤りは、安易に「天皇＝西洋諸國の君主」と考へ、國家法人説に於ける「君主」に「天皇」を代入した點にある。天皇存在が天皇ではなく、單なる君主、國家元首に過ぎないのであれば、天皇機關説は「君主機關説」、「元首機關説」となり、問題は無かつたかも知れない。國制に於て君主や元首が果すべき役割は明確に存在し、君主や元首を機關と見做して、君主や元首の地位に就くことはその機關に割り當てられた役割を果すことであると見做すことは解り易い比喩だからである。即ち、天皇機關説は、政體が效率的に機能する爲には「君主」、「元首」はどのやうに位置附けられるべきか、といふ政體論に留まるべきであつたのである。ところが天皇機關説は、天皇存在は西洋諸國の君主とは全く存在性格の異なる存在であることを認識出來なかつた。天皇存在は我が國體として我が國及び我が國に關係する全ての屬性の存在根據そのものであり、我が國は天皇存在を國體とする國家であり、我が國を法人であるなどと規定すること自體が天皇存在の始源性、全體性を、即ち國體の神聖、尊嚴を毀損する根本的で重大な誤りなのである。天皇機關説はこの點で決定的に誤つてゐると言はざるを得ず、美濃部には形而上學的洞察力が缺けてゐたと評さざるを得ない。萬世一系の天皇存在は我が國にとつて單に君主、元首であるに留らず、存在論的には西洋人にとつての神に相當する存在でもあることを彼は洞察し得なかつたのである。法制上の機關としてであれ、主權といふ無制約性を所持することに變りは無いのだから、天皇の無制約性は確保されてゐる、との天皇機關説擁護論は成り立たない。それでは天皇存在の始源的無制約性は喪はれ、法制上假構された國家主權といふ形での「制約された無制約性」になつてしまふからである。法制上の無制約者、最終根據であることと眞正の無制約者であることとが法の運用に於ては區別出來ないことである、といふ理由から兩者を同一の存在であると考へたことに誤りの根本原因はある、とも言へるかも知れない。法人とは「自然人以外で、法律上の權利義務の主體となることができるもの。一定の目的の下に結集した人の集団あるいは財産についてその資格が認められる」(『大辞林』三省堂)ものである。即ち、法人とはある目的に向つてその達成を目指す行爲を行ふ組織であり、機關の謂である。國家も亦國家經營といふ行爲を爲さねばならぬ組織、機關であることは言ふまでもなく、この意味に於て國家を法人に見立てることに有益な面があることは間違ひあるまい。美濃部は天皇機關説の政體論としての利便性を認識した時、かかる認識は瀆神ではないのか、といふ畏怖の想ひを抱かなかつたのであらうか。その畏怖の想ひに精緻な學問的表現を與へることこそ彼の爲すべき仕事であつた。加之、これは全くの想像であるが、法制上に機關として規定され得ない端的な無制約者としての天皇存在を法制上認めることが何か遲れたことのやうに感じられるメンタリティが美濃部にはあつたのかも知れない。美濃部にしてみれば、我が國を法人機關に見立てはしたが、その法人機關の頂點に天皇を据ゑることによつて天皇の無制約性は確保したのだから、これを以て忠義は十分に盡されたと考へたのかも知れない。然る後は法制の西洋化を推進することが憲法學者としての自分に爲し得る眞の忠義であると考へたのかも知れない。先帝陛下のお考への如く、美濃部個人が不忠者であつたとは思はれない（「…美濃部のことをかれこれ言ふけれども、美濃部は決して不忠なのではないと自分は思ふ。」ウィキペディア「天皇機關説」解説文中に引用されてゐる『西園寺公と政局』からの引用）。法制上明確に規定されないやうな天皇存在が憲法に條文として記述されて存在することが、我が國が「後進國」であることの現れであるかの如く感じられたのかも知れない。しかしそのやうな「劣等感」は、西洋の法制や哲學にも扮飾された形ではあるが、「規定されざる無制約者」、即ち「神」は不可避的に存在してゐるのだといふことを見抜く知力を備へることによつて克服されるべきであつた、と言ひ得るがゆゑに認めるわけには行かぬ知的弱點であると言はなければならない。「合理的に規定され得ない無制約者」、即ち「神」は、西洋哲學に於ては、「理性」、「理念」といふやうな概念に練り込まれて存在してゐるといふことは既に確認された通りである。

ウィキペディアには「天皇主権説との対立点」といふ項があり、その最初に「主権の所在」といふ小項目が設けられてゐる。これらの項目の名稱中にある「天皇主權」といふ概念や「主權の所在」といふ問題設定が抑も誤りであると言はねばならぬ所以は既に述べた。簡單に再説すると、國際法上主權は國家に在り、主權の擔ひ手としての主體は國家のみであり、當該國内に於て特定の個人や團體、機關等が主權を獨占的に所持するといふことは原理的にあり得ない、といふことである。主權といふ概念は國際法上の概念であり、その主體である國際法人格は國家であり、國家を不可分の單位として成り立つ概念である。主權に關しては國家より小さな單位は存在しない。「國家主權」は「主權」のリダンダントな正式名稱であつて主權の下位分類なのではない。

「〜主權」と主權に獨占所持者を冠して呼ばれるやうな主權は存在し得ないのである。從つて個別主權國家内での權力の所在や配分は、主權の所在や配分といふことではなく、當該國内での政體（＝統治機構）に於ける權能の具體的配分や分擔の問題であるに過ぎない。主權國家の領域内に於て主權の及ばぬ人間や事物は原理的に存在し得ず、もし存在するとすれば、その人は當該國民ではあり得ず、事物は當該國に歸屬し得ない。國家と主權とは相互に定義し合ふ原初的で根本的な關係にある存在である。個別主權國家の國制が如何なるものであらうとも、たとへ支那や北鮮のやうな前近代的な暗黑腐敗專制國家であらうとも、その國制の如何を問はず、國際法上は平等に主權を有つ主權國家であることは我が國や歐米諸國と全く違ひはないのである。抑も「天皇主權説」を主張したとされる憲法學者穗積八束や上杉愼吉らが「天皇主權」といふ表現を用ゐて、概説されてゐるやうな珍説を開陳したのかもきちんと檢證した後でなければ確實なことは言へまい。「帝國憲法は天皇主權の欽定憲法」といふやうな類の戰後の粗雜で誤つた通説と同斷で、ウィキペディアの解説もさういふバイアスが掛かつた偏向解説であり、解説される對象の眞實を傳へてはゐない可能性も十分にあると言はなければならないが、既に述べた如く、それを檢證することは別の大仕事であり、これを今此處で爲すことは出來ない。戰後的なバイアスが解説にあるとしてもそれをも含めて検討吟味することで本來の對象の検討吟味にも何程かは成り得てゐると信じて考察を續ける。

「主權の所在」について、天皇機關説は「統治權は法人としての国家に属し、天皇はその最高機関即ち主権者としてその国家の最高意思決定権を行使する」と解説されてゐる。この命題は如何に有意味な命題へと書き換へられるか。統治權は主權に包含されることは自明であり、「法人としての國家」は國家の具體的な統治組織、即ち行政、立法、司法を含めた政府諸機關、即ち「政體」を表現してゐると解釋出來よう。さうだとすれば、この命題の前半は「主權は國家に屬する」といふ命題に還元出來よう。後半部分はどう解釋出來るか。天皇は國體の核心であり日本に關する凡ゆる人や事物の存在根據であるから、主權者（この表現は個人を含意してゐるとすると、主權は國家に屬し、特定の個人には屬さないので、不適切であるが、「～者」は抽象的存在を指すことも勿論可能であり、天皇個人は本質的には天皇存在であるから、その限りに於て主權者と呼ばれてもよい）であることは當然である。「最高機關即ち主權者として」は「政體に於ける最高權力者として」と解釋出來る。「その国家の最高意思決定権を行使する」は要するに「主權を行使する」と讀める。つまり後半部分は「天皇は政體に於ける最高權力者として主權を行使する」といふ意味だと解釋出來よう。即ち、天皇機關説は出來る限り適切な概念や表現を用ゐて言ひ直せば、「主權は國家に屬し、天皇は政體に於ける最高權力者として主權を行使する」といふ命題に書き改められよう。この命題の内容自體に不適切なものは特に無いと考へられる。では何故天皇機關說は否定されねばならないのか。

　既に確認された如く、天皇機關說に於て天皇存在を法人機關と規定する理由は、天皇が統治權を總攬することを實際に行ふ際の實用的必要に由來してゐると考へられる。その爲の天皇機關說は「主權は國家に屬し、天皇は政體に於ける最高權力者として主權を行使する」といふ命題に還元されたが、この命題は自明の事態を表現してゐるに過ぎず、事改めて言明される必要の無いものである。天皇陛下が我が國の最高意思を決定することは我が國體に於て自明のことであり、改めて天皇機關說によつて根據附けらねばならぬことでは全くないが、述べられてゐる内容自體に大きな誤りは見出されない。では、一體何が誤りなのか。

「機關としての主權者である」と規定することは、「それ以外の事柄に於ける無制約性」を否定することを含意することにならう。即ち、自明のことを明文的に規定しなければならない、とすると、言表されてゐない事柄については無制約性は無いと解釋されざるを得ず、全ての事柄を漏れ無く完全に枚擧することは不可能であるから、天皇は「制約された無制約性」しか有ち得ないといふ矛盾した存在にならざるを得なくなる。（第二章で詳述するが、この「制約された無制約性」といふ矛盾は、ウェストファリア體制に於ける國家主權の根本性質であり、且つその成功の根本原因でもある。然るに我が國の國體の中核たる萬世一系の天皇存在は、眞正の無制約者であるがゆゑに我が國の個別國家主權として妥當することは自明なのである。）かかる規定は天皇存在の始源的無制約性を、文字通りの無制約性を、即ち神性を毀損することにならざるを得ない。まさにかかる意味に於て第二次國體明徵聲明に於て述べられてゐる如く「所謂天皇機關説は、神聖なる我が國體に悖り、その本義を愆るの甚しきものにして嚴に之を芟除せざるべからず」と評されても致し方の無い形而上學的弱點があつたのである。但し、美濃部が國體毀損を企圖してゐたのではないことは既述した先帝陛下の思召しの通りであらう。美濃部の心情も既に記した推測の如きものであつたのではなからうか。

「主權の所在」といふ項目の「天皇主權説」の概説には「統治権は国家ではなく天皇に属する」と述べられてゐるが、これでは統治權を巡つて國家と天皇とが排反的な對立關係にあることになり、この命題は全く無意味である。「天皇主權説」での「主權」は「統治權」の意味であると解釋しても、「（かかる意味での、即ち「統治權」といふ意味での）主權を天皇が國家と對立して專有する」といふ事態は我が國體に於ては全くあり得ないとしか考へられない。全く意味を成さない命題である。倉山滿『帝国憲法物語』に據れば、「日本国憲法学では、国際法の意味以外に、主権を「統治権の所在」と「国政の最高決定権」の意味で使っている」さうであるが（同書二三五ページ）、先程確認した『義解』の英譯では「統治権」は明らかに本來の意味での、即ち國際法上の意味での「主權」といふ意味で使はれてゐると理解される。この語義の混亂は、既に指摘された如く、これはこれで獨立した取り扱ひを要する大問題である。しかし、それは當面のテーマではなく、その分析解明は斷念して、當面直面する問題として立ち現れた場合には、その都度分析して處理したい。この「天皇主權説」に對して美濃部は、統治權が天皇個人に屬するとするならば、國税は天皇個人の收入といふことになり、條約は天皇の個人的契約になる筈だと述べたといふ。この美濃部の發言も文字通りだとすれば、驚くべき蒙昧の言としか評しやうがない。賣り言葉に買ひ言葉の類ではないかとさへ思はれる。天皇が一般國民と全く同じ意味での個人ではあり得ぬことは自明のことであり、天皇機關説によつて法制上の機關であるとの規定を與へられなければ、天皇は國家を個人の所有物と見做し、國税は個人收入、外國との條約は個人契約と見做すことになる、などといふ議論は、天皇存在の何たるかを全く理解してゐない不逞の國賊の捨科白と言はれても仕方の無い發言である。これでは不敬罪に問はれても抗辯出來まい。何より我が國の國體の中心である天皇の存在性格から考へて、そもそも通常の私人、一個人として天皇が振舞ふことなどあり得ぬことは自明であり、天皇による日本國家の私物化を防ぐ爲に天皇機關説を案出したといふやうな議論の展開は、これは批判者への怒りの表明であつて感情的に行き過ぎた部分があつたであらうと推測されることなどを勘案しても、かかる發言は看過し得ない論理的な破綻と不敬とを示してゐる。しかし、これ以上の批判は一次資料を參照して發言内容を正確に理解した上でないと嚴密な議論は出來ないので、差し控へる。

次に「國務大臣の輔弼」について、天皇機關説は、天皇大權の行使には國務大臣の輔弼が不可缺である（美濃部達吉『憲法撮要』）とし、對して天皇主權説は、天皇大權の行使には國務大臣の輔弼の有無を要件とするものではない（上杉愼吉『帝國憲法述義』）、と解説されてゐる。この問題も事實關係を嚴密に確認しないと正確に論評出來ないのは勿論であるが、これだけの情報から判斷する限り、法理論上の（de jure）原理的權能と事實次元に於ける（de facto）（不）可能性の問題とが區別出來てゐないといふ單純な問題であると感じられる。現實に於ける存在としての天皇は一人の人間であり、法理論上（de jure）有つてゐる權能の悉くを現實に（de facto）適切に運用出來る譯では全くない。そのやうなことは一個人の能力を物理的に超えてをり、單純な物理（de facto）問題として不可能である。歷代天皇が個人的に超人的統治能力を有つと考へられて來たがゆゑに天皇が統治權を總攬すると定められてゐるのではない。天地生成から始まり、現在の我が國の存在に到るまでの我が國の存在の歴史全體がかく在ることの最終的根據として天皇存在は存在してゐるのであり、それから必然的に導出される權能が所謂天皇大權なのである。これは純粹に原理的（de jure）事態であり、歴代天皇の個人的資質等の現實的（de facto）問題は全く捨象され、勘案されてゐないことは言ふまでもない。天皇存在がかかる理念的（de jure）存在であり、現實的（de facto）諸問題は捨象されてゐるがゆゑに、まさに現實的（de facto）存在としての歴代天皇には現實的に（de facto）政務に於て國務大臣の輔弼を必要とするのである。單純な例で說明するならば、天皇存在は統治權の總攬者としてあらゆる政務を行ふ權能を法理上（de jure）有つが、現實的には（de facto）行政、立法、司法に亙る全ての政務を現實的存在としての天皇個人が行ふことは物理的に不可能であることは自明である、といふことに過ぎない。この現實に關する（de facto）絕對的必要性が即ち國務大臣の輔弼のそれであることは明々白々この上も無いことであらう。

以上でウィキペディアの概說の檢討が全て終了した譯ではないが、拙論に於て述べられるべき原理論に必要な歴史的事實に關する素材（事實の報告としての信憑性の嚴密な檢討は留保しつつも）は拾ひ得たので、これを檢討對象とすることによる分析、批判から看取される天皇機關説を巡る議論の諸問題の要點を以下に纏める。

第一に、天皇存在の形而上學的な理解が十分ではないこと。大日本帝國憲法御告文、發布敕語、上諭、憲法條文や大日本帝國憲法義解の天皇存在に關する記述は西洋の法哲學に何ら遜色無い十分な形而上學的深さと內實とを備へてゐるにも拘らず、それを闡明するべき後發理論としての天皇機關説は、遺憾ながら天皇存在の存在論的眞價を把握出來ず、却つて結果的にその本質を否定してしまふことになつてしまつてゐること。

第二に、本質的に國際法上の概念である主權（正式には國家主權）を、帝國憲法の條文では全く使用せず、帝國憲法義解に於てもその原義に合致した英譯が當てられてゐるにも拘らず、その後の學說論爭の過程で本來の國際法上の意味での主權とは別の意味を有つ多種の「〜主權」概念が發生して論爭の焦點がぼやけてしまひ、天皇機關説論爭は贊成派、反對派雙方が學問的論點の正確な理解の出來ない儘に感情的な爭ひ、更には政治的事件にまで發展したやうに見受けられること。（しかし、この經緯の正確な理解は實證的な歷史學研究が必要となり、拙論のテーマからは逸脫してしまひ、拙論の如き原理論では取り扱へない。）

第三に、第一、第二論點に關聯するが、天皇機關説には法理論上（de jure）正當であることと事實上（de facto）正當であることとの仕分けがきちんと出來てゐないが爲に發生したと考へられる重要な問題が幾つか見られること。國務大臣の輔弼や責任の問題、統帥權干犯問題等、所謂天皇大權とそれ以外の權能との關係に見られる重要問題である。しかしこれらの問題の史實としての正確で詳細な研究は拙論とは別の大きな研究となることは言ふまでもない。

第二章　主権とは何か

一　國際法上措定された無制約者としての國家主權

現在、世界には國家より上位の政治權力組織は無く、かかる國家の始源的權力が國家主權である。國家と主權とは相互に定義し合ふ關係にあり、その限りに於て同一である。即ち國家とは主權を有つ政治權力組織であり、主權を有つ政治權力組織が國家なのである。國家は現實に於ける最上位の權力組織として、その權力の正當性を主權に依據してゐる。主權は現實に於ける最上位權力である國家の最終根據であり、それ以上の根據を求めての遡及を不可能たらしめる最終根據であるがゆゑに始源としての絶對性、無制約性を有つてゐる。（現代英、獨、佛語の「主權」の語源は古典ラテン語supremus（最高の）が中世俗ラテン語に於て訛つたsuperanusであり、意味は古典ラテン語同樣「最上位の」である（田畑茂二郎『國際法』第2版一八四ページ）。）かかる絶對性、無制約性に文字通りの絶對的、無制約的な物理的強制力を賦與してゐるものは國家の有つ軍事力、即ち國軍の有つ軍事力であるが、國軍の軍事力を單なる暴力から區別し、これに合法性を賦與してゐるものは國家主權である。かかる關係に於て國家と主權とは相互に措定し合つて現實世界に於ける最終權力、無制約者として存在してゐる。以上の意味に於て國家主權は政治的に全能であり、國際法、國際聯合に於ける「主權平等」、「主權絶對」といふ原則(the principle of the sovereign equality of all its members)も一國一票(one state, one vote）といふ原則も、より上位の根據を原理的に有たぬ主權の始源性、絶對性、無制約性より直ちに導出される自明の原則である。國際聯合等の所謂國際機關及びそれらを律する諸法規は國際法と呼稱され、「國際」といふ語の發する響きゆゑであらうか、それら諸機關は個別主權國家の上位に在るかの如き印象を與へるが、それら諸機關の權能の根據は諸國家間の合意（＝條約）即ち加盟諸國家の個別國家主權である。超越的、普遍的無制約者としての神を普遍的に有つことが出來ない人類は法理論上の無制約者を國家主權に措定する他は無いといふことである。根據の存在論的序列から見れば「國際」諸機關の有つ權能は個別國家の主權の下位に位置してゐるに過ぎず、まさにこの意味に於て現在の「國際」諸機關は原理的に（＝存在論的に）國家の上位に位置する眞正の國際機關ではあり得ない。我が國は現在の國際連合を、カントが『永遠平和の爲に』に於て夢想したやうな道徳的な理想的國家聯合であると誤認してはならない。カントが理想的な國制と考へる共和制を産み出す「一般意志」の成立に拘つたのは恐らく國家（＝主權）の成立に彼の考へる道徳性を包含させようとしたからであらう。國家成立に原理的に道徳性を練り込めれば、その後はその道徳が存在する限り、理想的な共和制（民主制ではない）を國制とする個別主權國家が併存する状態で互ひに他國を手段として利用しない諸國家共存共榮の理想的な道徳的諸國家聯合が成立するといふ筋立てに持ち込めるかも知れないが、既に第一章に於て看取された如く、カントの主張の前提や用ゐてゐる概念に無理が押し込められてゐると言はねばならない。しかし彼の粘り強く精緻な（くどい）思索は問題發生の原點を的確に把握してはゐるだらう。われわれもカントと共に其處に立ち還り、問題意識を共有しつつもわれわれ獨自の在り方を確立せねばならない。

主權といふ法概念の最重要點は「法制上に明確に規定された無制約者」である、といふことである。このことが何ゆゑ重要なのかは、「眞正の」無制約者である神との對比に於て明白であらう。文字通りの、何者にも制約されない存在は神としか考へられぬ、と多くの人は考へるであらうし、他方、神なんぞ存在しない、と考へる向きもあらうし、神が存在するか否かなんて知りやうも無い、と思ふ者も居よう。神に關するこれら三樣の立場のいづれが正しいかを合理的に決定することが出來ないことは自明であるが、さう考へること自體を許さないといふ宗教がある。一神教と總稱される宗教がそれである。唯一の我が神が全ての存在を産み出したのであるから、これを信じないなんてことは文字通りあり得ないことであり、不信心者は直ちに抹殺する他は無い、といふ結論に到る。他に同樣の「我が神」が存在してゐるのだ、といふ現實によつてその世界觀が相對化されないのが宗教の厄介この上無い處である。かくして「我が神尊し」の宗教戰爭は果てしなく續く。一神教内部の宗派對立でも互ひに他派を「異端」と決め附ければ同様の論理が働いて悲慘な殺し合ひが續く。イスラム教内部の宗派對立によるテロの應酬はかの者らの神を信仰せぬ者には理解し難い。キリスト教内部の宗派對立に起因する戰爭は、啓蒙時代を通過した現代に於てはほぼ無くなつてゐるが、嘗ては現代のイスラム教以上に悲慘であつた。キリスト教關聯の宗教戰爭は古代から數多く存在したであらうが、その歴史的確認は當面のテーマではない。拙論の主題である國家主權といふ概念が成立したと言はれるドイツ宗教戰爭を終結させたウェストファリア條約についても、その歴史的事實の正確な檢證確認は出來ない。歴史的事實の確認や解説は簡便に參照出來るウィキペディア等の一般的、啓蒙的な解説に頼る他は無い。拙論のテーマは一貫して、原初的眞實在としての無制約者はその本性に依り自らを實在させる他は無く、その立ち現はれが現實の歴史に於て如何なる姿を取つてゐるか、といふことであり、その限りに於てのみ歴史事實と接點があると言つてよい。更に言へば、歴史事實の正確さも、當該歴史事實が無制約者の發現であると判斷されるのであるならば、それで十分である。

ウェストファリア條約によつて、個別主權國家が多數共存するといふ、現在の世界秩序の原型が出來たとされるが、この條約によつて「無制約者の立ち現はれとしての個別國家主權」といふ制度を案出し得たことが決定的に重要である。この認識が條約締結の當事者達にあつたか否かは拙論では重要ではない。後代より見れば、「個別國家内に制限された無制約者」といふ本質的に矛盾を包含してゐる主權概念の案出が「我が神尊し」の終り無き宗教戰爭をとにかく終らせた、と判斷出來るといふことが重要なのである。對立する諸宗派が「我が神」を端的な無制約者と崇めて互ひに敵對して戰へば、どちらか一方が殲滅されるまで戰爭は終らない。或いは諸宗派の勢力が均衡してゐれば、延々と戰ひが續くことになる。これを終焉させる爲に本來神の屬性である無制約性を國家内に限定して主權といふ政治的權能を國家内に於ける無制約者と措定して、「我が神」が個別主權國家内に制約されるやうにすることによつて、その果てしない暴走を何とか終熄させたのであつた。

神の存在を信じることは宗教の領域に屬すると考へられ、政治とは區別される領域とするのが、所謂政教分離といふ現代の原則であり、その區別は宗教戰爭を抑止するといふ切實な現實的目的を有つといふ意味で必要不可缺なことではあるが、宗教と政治との關係を嚴格に考察すれば、兩者は根源的な部分で密接不可分に結び附いてをり、その分離は便宜的なものに留まることが看取されるであらう。政治は本質的に何處までも現實に對處することである他は無いが、その現實が現實であり續ける爲にその現實を現實たらしめる、即ち現實を制約して完結せしめる非現實的なものが切實に現實的に必然的に必要となるのである。かかる非現實的な存在が、他者を制約しても自らは制約されないといふ意味での無制約者である。かかる無制約者の存在が必然的に求められるといふこと自體は特定の神信仰と區別して考へられ得ることであらう。かかる認識に到るまでに人間は現實の歴史に於て特定の神信仰を經驗してゐるか否かといふ問題は別の問題である。現實は信仰のゆゑにではなく、自らの最終根據として現實的に、水や食糧を必要とするのとまさに同樣にかかる無制約者を切實に必要としてゐるのである。この必要はわれわれが水や食糧を必要としてゐるのとまさに同樣の必要であり、この事態はこれを必要としてゐる人間の認識の有無にも影響されない。萬世一系の天皇存在はまさにこのゆゑに存續して來たのであり、各時代の權勢を極めた霸者達も自らの權勢の正統性の根據を求めるといふ存在論的必然性に餘儀無くされて、天皇の御前に平伏せざるを得なかつたのである。雛壇に飾られる他無き傀儡の存在の如くに見える天皇が實はわれわれの存在の故郷であり、根據としての存在論的な強制力を有つことを洞察し得ない歴史學者らが、我こそ素人の及び得ない專門的學識を有つてゐるぞと言はんばかりのしたり顏で「天皇が生き延びたのは偶然に過ぎない」など言ふのである。昔の人間は未開野蠻で愚昧であるがゆゑに様々な姿と成る「無制約者」を求め、崇拜して來たのではない。それは凡そ人が生きて死ぬといふ現實全體に切實に必要であるがゆゑに求められ、見出されて來た生存の根據の現はれなのである。その認識の深化の過程が歴史であるとは言へるであらうが、その認識の深化は存在の構造自體を變へることは出來ない。現代に生きるわれわれは古への人々と全く變り無く且つ同程度に切實に無制約者を必要としてゐるのであり、さうではないと感じてゐるのであれば、それこそ現代のわれわれ日本人の現實認識力の減衰以外の何物でもなからう。

存在は必然的に存在し、何も存在しないといふことは無い。「無い」が「在る」ことは端的な矛盾であり、文字通り在り得ない。第一章で確認された如く、ビッグ・バン理論も宇宙の始まりは解明出來ない。この端的な矛盾に逢着する他は無いからである。存在は存在し續ける他は無い。まさにかかる意味に於て、原初に繋がる存在、先なるものが在り得ない存在、眞正な無制約者には實在的な負荷が原初的に掛かつてゐると言はなければならない。かかる無制約者は自らを現はしめざるを得ない。われわれは全存在者の根據としての無制約者を、少なくとも現實を統御する爲に必要な限りに於て、如何なる形であれ、現實に於て存在せしめる他は無い。まさにかかる意味に於てわれわれは今も尚、悠遠の神代と同様に「神」を求めざるを得ないのである。これを無理に全否定しても、存在は必然的に自らを存在せしめるのであり、われわれに統制出來る形で現出せしめなければ、われわれはその文字通りの無制約な立ち現はれに直面して途方に暮れる他は無くなるであらう。眞正の無制約者は「神」として立ち現はれる他は無いであらうが、これを便宜的に法制上の無制約者と措定して個別國家主權に平等に分割するといふウェストファリア體制は、現状ではその他に名案が浮ばぬ程にまともな國際秩序である。これを毀せば、様々な宗教、宗派が「我が神」の無制約性を叫んで際限無く殺し合ふ宗教戦争時代に逆戻りする他は無い。イスラム過激派の狙ひはそれであり、有體に言へば、十字軍時代からもう一度やり直さう、といふことであらう。われわれの立場から言へば、そんなことは御免蒙る、どうしてもやる、と言ふのであれば御勝手に、と言ふ他は無いが、問題は現在のわれわれにさう言へるだけの力があるか、といふことである。

二　萬世一系の天皇存在
―法制上の無制約者としての國家主權を超える眞正の無制約者―

「我が神尊し」が宗教の本質であり、とりわけ一神教では絶對的眞理である。「我が神」を絶對者（＝無制約者）と爲し、「我が神」以外の如何なる無制約者をも認めないのであれば、宗教戰爭は一方が他方を殲滅するまでは原理的に終らぬことになる。とりわけ一神教の宗教戰爭はさうであらう。

これに原理的な解決を與へたのがウェストファリア原理である。その論理的（此處では存在論的とも言へる）核心は、制約された無制約者としての國家主權といふ原理的矛盾である。この矛盾を原理とすることによつて一神教の果てしない原理主義的宗教戰爭に蓋をしたといふことがウェストファリア條約の不滅の功績である。（勿論、かかる考察は後代からの哲學的、原理的省察であつて、ウェストファリア條約を成立させた當事者たちがかかる哲學的認識を有つてゐたか否か、といふ歷史事實に關する問題（de facto problem）とは全く別次元の問題である。）

國家主權には、「無制約者」といふ定義から「至高性」が原理的に賦與され、「至高性」は原理的に上位の存在が存在し得ないので、多數存在する國家主權には「平等・對等性」が同時に必然的に隨伴するが、これら二つの屬性が矛盾對立することは自明である。ウェストファリア原理は矛盾（制約されない者が制約される）そのものなのであり、原理的に不安定さを免れない。しかし、この原理的矛盾こそがウェストファリア原理の成功の核心なのである。ウェストファリア體制は無制約者と神とを切り離し、特定の神信仰と切り離された無制約者を國家主權として政治制度の中に位置づけ、謂はゞ政治制度を脱宗教化することによつて宗教戰爭を終らせたことに國際政治秩序としての不滅の價値がある。その成立を支へてゐるのが「制約された無制約者」といふ原理的矛盾なのである。

この矛盾を唯一免れ得る存在が、萬世一系の天皇存在である。

何故ならば、萬世一系とは、眞の無制約者であることと、國家主權としての無制約者（制約された無制約者）とが全く等しく、全く矛盾しないからである。我が國體がウェストファリア原理の原理的弱點である原理的矛盾を原理的に免れてゐる所以は、まさに萬世一系の「一」性に在るのである。

「一」は連續を保證し、斷絶を包含し得ない。萬世一系の天皇存在はウェストファリア原理の原理的矛盾を免れ、且つその原理的長所（各民族主權國家の共存共榮、平等對等）を堅持することが出來るのである。即ち一神教の狂氣から免れ、他民族を侵掠殲滅することと無く、各民族固有の民族文化を保守出來る原理であるといふ絶對的な道徳的優越を齎す。この道徳的な高邁さは一神教を信仰する者らは絶對に到達し得ない。かの者らの信仰は「我が神のみが尊い（「一」神教の原理そのもの！）」のであり、この原理は他者の否定殲滅を必然的に含意し、原理的に彼等の「道徳」は、最終的には他者を否定殲滅することによつてのみ實現され得るのである。ウェストファリア原理も一神教徒らにとつては暫定的な國際秩序でしかあり得ないと言はねばならないが、その原理的長所を萬世一系の天皇存在は何ら作爲無く在りの儘の姿で實現してゐるのである。

萬世「一」系とはかくも素晴しいものであり、まさに掛け換への無いものなのである。何も作爲すること無く、世界各民族共存共榮の原理となつてゐる。我が國民としては何としても萬世「一」系を保守せねばならない所以である。（第五章で詳述するが、皇男子孫による皇位繼承が決定的に重要なのは、それが萬世一系の唯一の現象形態であるからである。神武肇國以來今上陛下に到るまで一度の例外も無く遵守され、且つそれが人爲による案出ではなく、われわれ人間はただ見出す他は無い神意の現はれであるからなのである。）

かかる萬世一系の天皇存在を我が國の外より觀れば、これを無きものとせぬ限り、「異教徒の殲滅」を命ずる「我が神」の「道徳的卓越」を喧傳することなど不可能であるのだから、一神教徒らには如何なる手段を用ゐてでもこれを滅ぼさんとする原理的動機が常に原理的に存在してゐると言はねばならない。

勿論、かかる原理的動機が一神教を信奉する者らには必然的に存在するからと言つて、それが現實に實行された、あるいは現在も實行されてゐるか否かは全く別次元の問題であり、嚴密な實證を必要とする事實問題（de facto problem）である。

このやうに、我が國體を害さんとする動機は常に原理的には存在してゐることを我が國の要路に在る者たちは常に意識して國家經營に當らねばならない。勿論、常に存在するのは原理的可能性であつて、それが現實に存在してゐるか否かは實證的な確認が必要であることは言ふまでもないことである。重要なことは、如何なる現實もかかる可能性の範圍内に在り、これを超出することはあり得ず、これを根本的な限界としてあらゆる事物は生じるのであり、われわれはこの限界を最大限界として備へれば、國家の安全は十全に保てるといふことである。換言すれば、この可能性の限界まで備へなければ國家經營は十分ではない、といふことである。大東亞戰爭に到る道程に於て、我が父祖たちに對し、これ在りせば、と言ふべき不足があつたといふ後智慧の批判が現在のわれわれに許されるとすれば、人間を根本的に規定する宗教的信念に淵源する行動についての深い洞察が不足してゐたのではないか、といふ疑念であらう。宗教的信念が現實を拘束する程度は、排他的一神教を信ずる彼の者らに於てはわれわれ日本人が容易に想像出來ないものがあると考へられる。明治以降の我が國知識人の西洋理解は人文學系に於ても實學第一の傾向があり、政治に於ける宗教の影響の深刻さについて神學的、形而上學的理解が十分ではなかつたのかも知れない。宗教はその本性上、學的認識を超えて（知ることは出來なくとも、信ずることは出來るといふ意味に於て）人間の認識の限界まで到達し得る唯一の現實存在であり、その意味で現實の限界としての政治と常に本質的に結び附いてゐる。この意味に於て政治は常に宗教に支配される危險性がある。それは現在に到るまで續く宗教戰爭を考へれば直ちに諒解されよう。所謂「政教分離」が必要であるのはまさにこの意味に於てなのである。

戰後占領軍は戰後處理といふ次元を遙かに超えて我が國の國體そのものを破壞する諸制度を主權喪失狀態の占領下に於て我が國に強制した。その最たるものは言ふまでもなく現行僞憲法であるが、現行僞憲法の僞憲法たる最大の所以は九條の國軍否定ではない。國軍保持の禁止は獨立主權國家としての自立を不可能にするといふ意味での國家破壞であり、これは我が國にのみ當て嵌まることではない。國軍を具備しなければ獨立主權國家として存立し得ないことは世界の主要諸國を概觀すれば自明であらう。國軍否定は主權國家一般としての存立否定であつて、萬邦無比の日本國家の本質否定ではない。日本の日本たる所以は國體、即ち萬世一系の天皇存在に在るが、これを現行僞憲法は原理的に否定破壞してゐるがゆゑに僞憲法なのである。まさにこのゆゑに現行僞憲法の「部分改訂による繼續使用」が絶對不可なのであるが、日本そのものの否定に他ならない國體破壞が明記されてゐることに現在の我が國民ほゞ全てが理解出來てゐない。國體否定の文言は現行僞憲法の到る處に在るが、その最たるものは冒頭第一章の天皇の諸「規定」である。國民大多數は、その内容がともかく天皇の存在を「容認し」てゐるから受容可能である、と呑氣に考へてゐるのかとも想像されるが（占領期間中に於ては、天皇處刑の回避が至上課題であつたので、かかる認識は當然であるが）、とんでもない愚昧である。萬世一系の天皇存在を國體とする我が國に於て天皇を「規定する」存在など存在し得ないのである。日本に關する全ての事物は天皇存在との關係に於て初めて「日本の」といふ屬性を獲得するのであつて、その意味で全ては天皇を根據としてゐるのであつて、「天皇は〜である」（現行僞憲法第一章第一條「天皇は、日本國の象徴であり日本國民統合の象徴であつて、この地位は、主權の存する日本國民の總意に基づく」）などといふ規定は我が國の憲法に於ては抑も存在し得ないのであり、僞憲法であることの明々白々な證據である。この條文の虚僞には唖然とする他は無い。（「國民主權」といふ概念が成り立ち得ない虚僞であることについては後述する。）かかる僞規定が日本國民によるものではあり得ないとすれば、それは占領軍の意圖の表明であると理解する他は無い。第一章の他にも天皇に關する「規定」は數ヵ條あり、これらのみで現行僞憲法は「違法、無效」であり、廢棄處分とする他は無い僞憲法であることの根據としては十分である。このやうな單純自明なことさへ理解出來ない「保守」派は、日本を保守するのではなく、「國體を否定する僞憲法を中核とする戰後體制を「保守」する」に過ぎない亡國の徒と言ふ他は無い。

このやうな僞憲法を強制されることになつた原因は改めて指摘するまでもなく大東亞戰爭の敗北であるが、戰勝國の占領軍の中核は何某國の何者であり、その意志を最終的に規定してゐる思想は一體何なのか。これを根源的に解明しない限り、大東亞戰爭の眞の原因は解明されないであらう。それは勿論第一義的には實證的な歴史事實の檢證である他はないが、それを探求する際の規準あるいは探求の可能性の限界として最終的に辿り着くのは、宗教的信念、信仰の他はあるまい。

抑も何故アメリカは理不盡なまでに我が國を戰爭に追ひ込んだのか。これまで御用學者や御用評論家らによつて語られて來た戰後體制公認の諸原因では少なくとも合理的にさへ説明が出來ない。アメリカは經濟的、物質的には我が國と大戰爭をする切實な理由など無かつたと言はねばなるまい。支那大陸での權益や印度支那の資源の確保など、アメリカには何ら死活問題ではなかつた筈である。少なくともそれらが自らの勢力圏下にあらずとも自國民が生活に困窮し、大戰爭を遂行してまでそれらを確保せねば國家が崩壞する、などといふ切實な問題ではなかつたことは確實である。にも拘はらず米國は日米通商航海條約破棄、我が國の在米資産凍結、對日石油禁輸など、我が國が戰爭によつて打開する他無きやうな致命的な敵對政策を次々と實施して來た。そして最後はハルノートである。このやうに米國側の戰爭意志は明らかであるが、それは經濟的動機に基づくとは考へられないのである。既に述べた如く、我が國が生存の爲に確保しようとした滿洲での權益や印度支那での石油資源などは米國の存立にとつて死活的な重要性を有つものではなかつたからである。

では一體彼の者らの戰爭への意志の根源は何なのか。われわれの思索の及び得る最終地點は先述の形而上學的洞察である。米國の露骨な人種差別的排日移民法など、深刻な日米對立の要因は存在してゐたが、それでも我が國に自國の存亡を賭してまで對米戰爭を決意するといふ程の敵意を有つ理由は無く、且つ米國側にも少なくとも經濟的觀點からは切實な對日開戰理由は見つからない。さうであるにも拘らず、執拗に強硬な敵對政策を實施して我が國に干戈を取らしめて戰爭したかつた動機が米國にあるとすれば、その最終的實現として、戰勝の後に全權を掌握した占領期間中國際法に違反してまで強制した現行僞憲法にそれは明確に刻まれてゐる筈である。事實それは我が國の國體破壞（天皇の僞規定による日本といふ國家の消滅）と主權國家としての自立の否定（國軍保持の全面禁止）とを内容とする諸條文の存在によつて明確に刻まれてゐる。我が國民はかかる穢らはしき僞憲法を一體如何にして部分改訂して繼續使用しようとするのか。

抑も我が國に於て憲法といふ西洋由來の法制度が在り得るとすれば、それは萬世一系の天皇存在を定義とする天壤無窮の國體の記述としてのみであり、それ以外は在り得ないのである。そのあり得べき憲法は、天壤無窮の國體の記述として唯一無二の法典であり、まさに「不磨の大典」でしかあり得ない。國體が天壤無窮である限り、その記述たる憲法も亦天壤無窮、即ち唯一無二にして永遠不變の法典である他は無い。その憲法とは大日本帝國憲法であり、とりわけ天皇條項である第一條から第四條まではまさに天壤無窮の國體の記述そのもの、即ち「不磨の大典」そのものであり、これらの條項は日本が日本である限り變更は原理的にあり得ない根本法典である。大日本帝國憲法は上諭や御告文を讀めば明らかな如く、かかる形而上學的な認識、理解に基づいて起草されてをり、その意味に於ても國體の記述としての憲法と位置附けることが出來る正統な憲法である。現行僞憲法などと較べることすら憚られる。

「國民」が天皇を「規定する」「根據」であると巷間よく耳にする俗論（所謂「國民主權」論。現行僞憲法の前文及び第一章第一條に敗戰國民を睥睨するやうに仰々しく記されてゐる）は全く論理的に破綻してゐる。戰後體制の謂はゞ「水戸黄門の印籠」とも言ふべき「國民主權」論は、帝國憲法下の「天皇主權」（帝國憲法に「天皇主權」などといふ文言は全く存在しないが）に代る戰後民主主義の決定的「根據」として現行僞憲法の中心思想であり、これを出せば皆平伏して一件落着といふ「決定打」である。しかし、國「民」があらゆる政治權力の根據であるとの妄想は簡單に論破出來る。抑も主權は國家にのみ歸屬し、國家内の特定の構成者に屬するといふことは定義上あり得ない。主權とは法制上そのやうに措定された權能であるからである。又、「國民」といふ概念が成立する爲にはその前提として「國家」が先に成立してゐなければならず、その國家の存在根據たる天皇を「國民」が規定することなど更にあり得ないことであることは自明であらう。もし國「民」があらゆる國家權力の「源泉」であるならば、國家から賦與された權能を有たない一民間人としての國「民」であつても、「税金を徵集する」と稱して他人から金品を奪つたり、「司法權を行使して死刑を執行する」と稱して人を殺すことも法的に正當な行爲であると認められる他はあるまい。税務官が税金を徵集したり、裁判官が刑事被告人に死刑判決を下せるのも一國「民」としてではなく、國家が主權を行使する際の現實的執行者（國家官僚）としてのみであり、その權能は勿論稅務官や裁判官一個人に屬するのではなく、國家にのみ屬することは改めて言ふまでもあるまい。國「民」の選擧權行使も全く同様である。國家が稅金を徴集し、刑を執行するのであり、國家が國民に選擧權を與へるのであつて、國家から離れた一個人としての人間に生得的に法的權能が具備されてゐるなどといふことは全くあり得ない妄想である（圖版『國「民」主權の詐術』參照）。

第三章　國軍とは何か

一　主權の無制約性を端的に擔ふ軍事力

前章に於てわれわれは法制上個別主權國家に割り當てられた「制約された」無制約者としての國家主權の性格を主に眞正の無制約者たる神との比較に於て確認した。主權の最も重要な性質は、當然ではあるが、この無制約性であり、しかし同時にこれに國家といふ制約が加へられたことにある。即ち主權の本質とは「國家內に制約された」「無制約」者といふ原理的矛盾にある。この矛盾を法制度に位置附けることによつて無制約者たる「我が神」同士の際限無き悲慘極まる宗教戰爭を制度的に終焉させることが出來たが、依據する原理が包含する矛盾によつて本質的に不安定でもある。現在の國際秩序の仕組みであるこの個別主權國家併存體制に於て國家主權の無制約性を物理的に保證してゐるのが當該國の軍事力である國軍である。この章では無制約者としての國家主權の直截な現はれとしての國軍とは何かを先づ明らかにする。

前章に於て確認された如く、現在世界には國家より上位の政治權力組織は無く、かかる國家の始源的權力が國家主權である。國家と主權とはその始源性ゆゑに相互に定義し合ふ關係にあり、その限りに於て同一である。即ち國家とは主權を有する政治權力共同體であり、主權を有する政治權力共同體が國家なのである。國家は現實に於ける最上位の權力組織として、その正當性を主權に依據してゐる。そして主權は現實に於ける權力の最終根據、即ちそれ以上の根據を求めての遡及を不可能たらしめてゐる最終根據であるがゆゑに無制約性、絶對性を有つのである。

かかる國家主權を現實に於て最終的に支へてゐるのが當該國家の有する軍事力、即ち正規軍たる國軍である。國軍は國家主權と表裏一體であり、國家主權の本質たる無制約性をその儘具備してゐる。かかる無制約性を具備し、必要に應じて自らの武力を十全に行使出來る權能を有するのが國軍なのである。我が國の自衞隊がその外形や装備が如何なるものであれ、かかる國軍の定義を滿たしてはをらぬことは明白であらう。

その決定的な諸問題を以下に擧げる。

二　帝國海軍に於ける軍令承行權
― 無制約な國家主權の發動としての軍事力行使の嚴格な法的位置づけ ―

帝國海軍に於ける軍令承行權の問題と言へば、通常は歴史的事實の問題としての「一系問題」、即ち海軍が戰鬪を行ふ際の指揮權の繼承序列を定めた軍令承行令『軍令承行令ニ關スル件』（内令廿二號、明治卅二年三月廿日發令）「軍令ハ將校、官階ノ上下任官の先後ニ依リ順次之ヲ繼承ス」の「將校」に、海軍兵學校出身の兵科將校の他に、海軍機關學校出身の機關科士官をも加へて兩者を區別せずに一括して（一系化して）兵科將校（「將校」と「士官」とは一般語法では同義であるが、海軍では區別があつた。その定義や變遷を詳しく辿るのは煩瑣な作業になる。大雜把に言へば、軍令承行權を有つ兵科將校のみが「將校」であり、その他の科は「將校相當官」としての「士官」であると理解すれば宜しいかと思ふ）と爲し、兩者が共に戰闘の指揮權を有つやうに改め、海軍内に於ける兩者の深刻な對立をやつと終戰前年の昭和十九年八月に解消した、といふ歴史的事實を意味するが、此處ではこのやうな歴史事實についての檢證、考察は一切行はない。此處での考察の對象は、軍政とは區別される軍令、即ち作戰、用兵に關する統帥權を遂行することは、無制約的な始源的權能としての國家主權の現實に於ける最も直截な現はれなのであり、これの繼承遂行序列である軍令承行令が帝國海軍に於ける最重要事項であり續けたといふことを、歴史事實の問題としてではなく、帝國海軍が近代的主權國家の正規國軍である限り斯くあらざるを得なかつたといふ論理的必然性である。軍令承行權が帝國海軍の最重要權能であつたといふことが取りも直さず帝國海軍が近代的法治國家の主權を正しく擔つてゐた正規國軍であつたことの法制上の明證なのであり、このことを論證することが此處での主題であり、歴史的事實としての「一系問題」とは全く別の問題であり、この區別は明確に認識されねばならない。

帝國海軍に於ける現實の「一系問題」とは、殆ど專ら兵科將校と機關科士官との權限爭ひであり、その原因は兵科將校が所屬戰鬪部隊に居る限り、機關科士官は階級が上位で且つ軍人として有能であつても、機關科士官である限りは戰鬪部隊を指揮して戰鬪する權限である軍令承行權が認められない、といふ軍令承行令の規定にあつた。この狀態が實に昭和十九年八月の軍令承行令の改訂まで續いたのである。この事態に對する機關科士官の怒りと不滿は尋常ではなく、その結果兩者の對立は海軍の戰力にも否定的な影響を及ぼした、といふことが「一系問題」の內實であり、當時の海軍將校、士官達の認識も、書き遺されたものの幾つかを讀む限り、殆どそのやうな程度に留まつてゐたと感じられる。軍令承行權の問題が帝國海軍に於て此處で明らかにされるやうな意味に於てどの程度認識されてゐたのかは管見の限りでは判らないし、又それは當面のテーマでもない。此處での考察のテーマは、地上の政治權力の最終根據である無制約者としての國家主權の直截な現象形態である國軍（無制約的武力）が、その本質を顯現するのは國家主權の行使たる戰爭であり、その戰爭に於て戰鬪部隊を指揮する權限（軍令承行權）を如何なる身分の軍人が所持するのかといふことが海軍の組織に於ける最重要事項の一つであり、これを承行する兵科將校が海軍最高のエリートであると位置づけられてゐたことが、現實の運用面に於ては權限掌握者の規定に於て重大な誤りが在つたがゆゑに多大の弊害を齎したにも拘らず、近代獨立主權國家の法制上の原理的位置づけとしては極めて正當なことであつたことを論證することである。

大日本帝國憲法に於て、國家主權の體現者たる天皇が國家主權の最終的支柱たる國軍を指揮する最高の權限である統帥權を有つと記述されてゐることは、國家主權の性格と國家元首としての天皇の地位とを考へ合せれば論理的に當然のことであり、これにより國家主權の無制約的始源性は正しく國軍に於ても保持されてゐる。この天皇大權としての統帥權の獨立（これを正確に述べるならば、「國家主權の直截な現はれとしての國軍が有つ始源的無制約性」であると言へよう）は、昭和期に入り、海軍軍縮條約を巡つて海軍の一部強硬派の軍人達に「惡用」されて所謂「統帥權干犯」問題を引き起した元兇と解釋されて惡名高いものであるが、歴史的諸事實を捨象して純粹に論理的に考へてみる必要がある。抑も國軍は國家主權の直截な現象形態であり、且つその最終的な支柱でもある。國軍が國家の政體の一部であるに過ぎない行政機關としての政府、立法機關としての議會、司法機關としての裁判所といふ三權分立機關よりも國家主權といふ未分化の原初的權能に近いといふ意味に於てそれら三權機關に先立ち、それらより始源的で無制約的な、謂はゞ生の權能であり、ゆゑにそれらとは區別され、それらから制約され得ない獨立してゐる組織であると位置づけられることは論理的には正當なことであると言はなければならない。（以上の簡單な原理的分析からも解るやうに、歴史的事實としての海軍軍縮條約問題は從來とは全く次元の違ふ視點からの考察が必要であると感じられるが、それは勿論當面のテーマからは外れる別の大問題である。）

次節で詳述するが、國軍のかかる特別な性格ゆゑに軍人は一般の司法權によつては裁かれ得ず、一般の裁判所とは區別される軍法會議が必要となるのである。戰場に於て軍人が敵兵を殺傷しても殺人罪や傷害罪に問はれず、違法性が阻却される根據は、軍隊が一般の法律の根據である國家主權の直截な現はれであり、軍の行動そのものが即時的に法的な正當性の根據になり得るので、軍の行動を制約し、これを法的規制や處罰の對象とする根據が原理的に存在しないといふことである。海外に於ける正規軍の行動を規制し、場合によつては處罰出來る根據は國家主權の自己規制としての國際法（諸國家主權間の合意）にのみ求めざるを得ない所以である。正規國軍ではない、日本政府の單なる一行政機關に過ぎない自衛隊は、正當防衛、緊急避難といふ一般刑法上の規定によつてしか自衛官の敵兵殺傷の違法性を阻却出來ない。この點に於ても自衛隊が國軍ではあり得ないことが明瞭に看取されよう。

日本國家の正規國軍の統帥權が、國體の發現、國體そのものとしての天皇存在に必然的に屬することは論理的必然であるが、これは純粋に論理的な經路に過ぎず、この經路をその儘政體として國家を經營することが出來ないことは自明である。天皇が國軍を統帥するとしても、それは純粋に論理的必然に過ぎず、現實の天皇は高度な專門的軍事知識を有つ軍人ではなく、又現實に軍隊を統帥するには戰鬪部隊の他に、武器、兵員や豫算の確保などの爲に、樣々な組織や人員が必要なことは改めて指摘するまでもない自明のことである。

かくして統帥權は現實の國家機構に於ては、作戰の立案及び實施を擔當する軍令部門と人事、兵站、豫算等を擔當する軍政部門とに別れるのである。帝國陸軍に於ては前者を參謀本部が、後者を陸軍省が、帝國海軍に於ては前者を軍令部が、後者を海軍省がそれぞれ擔當したことは周知の通りである。陸軍省と海軍省とが行政府の一部として主に豫算の獲得や執行に於て内閣の統制下に入るのは當然であるが、行政府の權能を超えて國家主權自體を擔ひ、その力の發現を直かに擔ふと考へられる統帥權は勿論原理的には天皇に屬する。しかし、現實の作戰立案及び實施に於ては陸軍參謀本部と海軍軍令部とに屬する他は無く、此處を經由して我が國の主權は帝國海軍に於ては軍令承行權といふ形で法制上正しく戰鬪部隊に傳へられ、戰爭遂行といふ形で發現されるのである。この經路が帝國海軍に於ては軍令承行令といふ法令によつて明確に法制度化されてゐることが、帝國海軍が大日本帝國といふ國家主權を有つ近代法治國家の正規國軍であることの法制上の明確な證據なのである。

既に申し述べた如く、このことは軍令承行令の存在が現實には「一系問題」の原因となり、軍令承行權を獨占的に掌握する兵科將校が、有能な機關科士官が作戰を實施し、部隊を指揮して戰鬪を遂行することを妨げ、彼等を差別して權勢を揮ふ口實としてこの權限を用ゐ、兩者の深刻な對立抗爭を引き起したといふ歴史的事實とは全く原理的に別のことである。國家主權の發現として國軍を指揮命令する權限の經路が軍の法令上明確に規定されて、軍の武力行使が國家主權の發現として嚴格に位置づけられなければ、その武力行使は適法ではなく、單なる暴力行爲となり、敵兵の殺傷は單なる刑法犯罪としての殺人に過ぎなくなり、それを爲す「軍」は正規國軍ではあり得ず、單なる私兵集團と見做される他は無くなる。國軍の武力行使が正當性を獲得する唯一の方途は、それが正しく國家主權の發現であるといふことが法制上明確に規定され、國家主權から國軍への始源的無制約性とそれに由來する無制約的權能の讓渡の經路が明確に示されるといふことである。これを回避する國軍建設の如何なる方途も原理的に存在し得ない。

三　敵兵殺傷の違法性の阻却と軍法會議の必要性

軍隊は戰場で戰爭目的達成の爲に敵兵を殺傷するが、これは勿論違法ではない。自分を攻撃してゐない敵を攻撃しても問題は無いので、かかる殺傷を「正當防衛、緊急避難」でその違法性を阻却することは出來ない。敵兵殺傷を法制上明確に合法と爲し得なければ、自衛隊は日本國軍とは絶對に成り得ない。

現在の國際社會の最高權力は主權國家の有する國家主權であり、從つて地球上のあらゆる政治權力の始源は個別主權國家の主權である。國際法の法源も全て個別主權國家の主權である。國際法の權能、法的拘束力も全て根據を遡及すれば國家主權に辿り着く。その國家主權が合意することで初めて超國家的な權能が發生するのである。即ち、國家主權は政治的に全能であり、國家主權を制約出來るものは國家主權自身のみであり、國際的には主權國家同士が合意した約束事である國際法のみである。そしてこの無制約性をその儘具備してゐるのが主權國家の正規國軍であり、それのみなのである。（國際法主體として國家以外のものを認めるか否かに關しては、國際法的に專門的な議論はあらうが、國家が國際法主體であることに異論の餘地は無からう。）その他の武裝集團はたとへ裝備や外形がどれ程軍隊そのものであつても正規國軍ではあり得ず、そのやうな武装集團が戰場で敵兵を殺傷したら、殺人犯である。國家主權は地上の至高權力であり、從つてその國軍の行動は原則的には全て即自的に合法的となるのである。これを根據として海外で外國と戰争をすることが合法的となるのである。（まさにこのことゆゑに正規軍はネガティヴ・リスト方式によつてのみその行動を規制されるのであるが、これについては後述する。）正規國軍の地位とは斯くも決定的なものなのである。かかる地位を自國の軍隊に法制上、即ち國家主權によつて與へなければ、その軍隊は國際法上は私兵集團、單なる暴力團といふことになる。（仄聞するに、支那の人民解放軍は中華人民共和國の軍隊ではなく、支那共産黨に所屬する軍隊といふ位置づけになつてゐるさうである。そのことは、人民解放軍なる軍隊は國際法上の正規國軍ではなく、支那共産黨といふ徒黨、軍閥の私兵集團、即ち暴力團に過ぎないといふことを意味する。又このことは「中華人民共和國」なる巨大人口の集合體が近代的主權國家、法治國家ではないことの端的な證據の一つとなるであらう。かの者らが何をどう考へてかかる「制度」としてゐるのか、その事情は全く知らないが、如何にも支那人及び支那といふ、古代より全く進歩し得ない、永遠に同じ專制支配を繰り返す他は無い暗黒腐敗社會に相應しい「制度」と言ふべきかもしれない。）

このやうに軍人は國家に於て特別な權能と地位とを有つがゆゑに、軍人を裁く爲に一般の裁判所とは法制上の位置附けが異なる軍事裁判所、即ち軍法會議が絶對に必要である。町方の岡引風情に十手を磨かれてしよつ引かれては武士の面目が立たず、屈辱に堪へないといふプライドも勿論大切ではあるが、根本問題はこちらの方である。現行僞憲法は軍法會議の設置を七十六條で明確に禁止してゐる。國軍保持を明確に禁止する九條のコロラリーとして、この條文は蓋し當然のものであらう（圖版『戰後體制の本質』參照）。

以上で敵兵殺傷の合法性は説明されたが、更に根源的な問題として、敵兵殺傷は道徳性を有つか、といふ道徳的な問題はなほ殘る。

四　交戰規定問題（ポジティヴ・リスト方式とネガティヴ・リスト方式）

海外派遣された自衛隊が戰闘の已む無きに到つた場合、交戰規定（ＲＯＥ）を諸外國の軍隊と同樣にネガティヴ・リスト方式へ變更せよ、との議論が最近割合頻繁に言はれるやうになつたと感じられるが、この問題が淵源する根本的な問題の理解を踏へての議論とは思はれない。根本問題との繋がりを中心に考察する。

先づ何よりも、抑も海外での自衛隊及び自衛官の國際法上の地位や身分が明確に出來ないことが根本的に問題である。平時では、現に今さうであるやうに、この根本問題を未解決な儘に曖昧に遣り過ごして濟ませられよう。自衛隊は外見上は「日本軍」に見えるし、海外ではさう「誤解」して貰ふ方が派遣される自衛官も本物の軍人になつたやうな氣分を味はへて好都合である。海外マスコミも概ね陸、海、空自衛隊は日本「陸軍、海軍、空軍」と表記してゐる。

しかし、問題は言ふまでもなく、有事の場合である。戰後體制で法制上公式に否定してゐる國軍を、海外で戰闘になつたら、その場合だけ正規國軍と見做してくれ、と言ふことは全く認められないだらう。そんな「甘え」は法治主義の否定であり、「法の支配」を普遍的價値と日頃公言してゐる政府の姿勢とも全く相容れないことは明白である。

抑も軍人ではない一介の日本國公務員に過ぎない自衛官を海外に派遣して國際法的に軍隊、軍人にしか出來ない任務をさせることが原理的に間違つてゐると言はねばならない。國内法で「驅け附け警護」を可能にしたとて、日本の國内法が權能を有つのは我が國の主權が及ぶ日本國の領土内に制約されるのは自明であり、海外では全く無效であることも當然である。現實には「正當防衛、緊急避難」の野放圖な擴大解釋以外法律上の對應は不可能であらうが、とにかく主權意識が決定的に缺如してゐるとしか言ひやうがない。安保法制など一片の國内法に過ぎず、即ち我が國の主權が及ばぬ地域では全く何の權能も發揮出來ないのだ、といふことが全く理解出來てゐない。不審船の「臨檢」などは事實上全く不可能であり、停船も乘船しての積載物の檢査も全て「不審」船の「許可」を頂かないと實施出來ない。相手の意思に反して強行すれば、犯罪である。これでは臨檢ではないと言ふ他は無いが、法理論上は致し方の無いことである。自國の主權の及ばない場所で主權の無制約性を發揮出來るのは正規國軍しか無いからである。海外での武力行使も基本的には主權の無制約性といふ法的根據を支へとしないと現實的には爲し得ないであらう。さうでなければ、正當防衞となるか否かの區別に違法性の阻却は依存せざるを得ず、武器を使用せざるを得ないやうな切迫した危險狀態でそのやうな區別をすることは事實上不可能であるから、「驅け附け警護」は事實上爲し得ないであらう。

北朝鮮へ拉致被害者救出の爲に自衞隊を派遣するなどといふことは、自衞隊の能力云々以前に抑も法理論上不可能である。抑も日本の領域を出て、獨立主權國家である外國の北朝鮮へ自衞隊が侵入する法理論上の根據が得られない。これは日本の國內法を如何に制定改變しても無理である。法理論上日本國家の主權を十全に擔へる正規の日本軍によつてのみ、北朝鮮の諾否に關はらず、拉致被害者救出作戰は可能なのである。當然北朝鮮軍は主權の正當な行使として反擊して來るであらうが、その時初めて

（自衛隊ではない）日本軍の軍事能力が問題となるのである。北朝鮮はあらゆる悪意を込めて我が國の侵掠であると世界中に喧傳し、加之在日朝鮮人によるあらゆる種類の妨碍破壞活動が我が國內至る所に於て行はれるであらう。南鮮（韓國）も北鮮に同調する可能性は高い。このやうな爭亂狀態に現在の我が國民が堪へ拔いて一致團結して戰へるとはとても思はれない。武力による拉致被害者救出など繪空事に過ぎないと言ふ他はない。

國家の統治機構に屬する一般の行政機關等は、その權能を規定してゐる法律に基いてその規定に定められた事項のみを行ふ。これはポジティヴ・リスト方式と呼ばれ、法律に遵つて權能を行使するといふ意味での法治主義の當然の方式と考へられてゐる。然るに正規國軍のみが海外に於ては國際法の規制にのみ遵ひ、その他一切に規制されない權能を有つのか、と言へば、國軍は世界の最上位權能である國家主權の直截な現象形態であり、原理的に自己、即ち國家主權にのみ規制され得るのであるから、國外に於ては自己の同意を含む國際法にのみ規制され得るといふことになるからである。ゆゑに自衛隊の海外活動の規制方式をポジティヴ・リスト方式からネガティヴ・リスト方式に改めるには、自衛隊を日本軍に改める他は無いのである。

現狀の儘で海外派遣の場合だけネガティヴ・リスト方式でやりませう、といふ主旨の法律を作れば、それは「法律を破つても宜しい」といふ法律を作ることになる。それは法治主義の否定に他ならない。

現状ではポジティヴ・リストの項目の數を出來る限り增やして隙間を埋めるより仕方無からうが、あらゆる事態を豫め想定して對處法を定めることは現實的には不可能である。想定外の事態は現實に起きる可能性は常に存在する。ポジティヴ・リストの項目を圓に內接する多角形の角に喩へると、數學的には角の數を無限大に增やせば、多角形は圓と同値になり、等しくすることが出來るが、現實には無限大に增やすことは出來ない。現實には幾ら角の數を增やしても圓との間には必ず隙間が殘る。これがポジティヴ・リスト方式（多角形）とネガティヴ・リスト方式（圓）との原理的相違である。

五　栗栖統幕議長「超法規」發言の眞意

昭和五十三年の栗栖弘臣統合幕僚會議議長による所謂「超法規」發言の眞意もこのことの指摘にあつたと考へられる。現行法制の不備によつて奇襲攻擊に反擊する法律的根據が無い狀態で自衞隊が反擊する場合、それは自衞隊が單なる行政機關であるとすれば（當時も現在もさうであるが）勿論違法行爲となるが、自衛隊が本來さうであるべき國軍であるならば、奇襲への反撃は違法行爲とは正反對の極めて當然で正當な行動となるのであり、國軍が本來爲すべきかかる當然の反撃を「違法」と爲す現行僞憲法を始めとする諸法制こそが反對に（本來在るべき法制に照して）違法、不當であるとの意味に於て、自衛隊の在り得べき反撃を、栗栖統幕議長は「違法」とは呼び得ず、「超法規的」と形容したのであらう。栗栖陸將は解任當時の自衛隊關聯法制の不備を數多く指摘してをられたが、そもそも部隊での集團行動を行動の基本とする（本來國軍であるべき）自衛隊に、個人行動を行動の基本とする行政官としての警察官の武器使用の基準である「正當防衛、緊急避難」を適用することが馴染まないことであることを強調されてゐた。この發言の延長線上に見出される結論は自衛隊の正規國軍化以外にはあり得まい。警察豫備隊の延長線上にある現在の自衛隊では法律の想定してゐない事態に對應することは原理的に不可能である。たとへ新しい法律を如何に澤山作つても（栗栖陸將の「超法規」發言と解任以降、有事立法は相當程度整備され、そのことは栗栖氏御自身も評價されてはゐたが）、當該の法律が想定し得ない新しい事態の發生は論理的には幾らでも可能である。即ち、現行僞憲法下で合憲とされてゐる警察豫備隊的體質の儘の現在の自衛隊を、國際法に合致し、原則無制約的に行動し得る正規國軍にすることは原理的に不可能なのである。それは既に述べたやうに、多角形を圓と同値にする爲には角の數を無限個に增やさねばならないが、それは現實には爲し得ないのと同斷である。問題の根本的な解決の爲には現行僞憲法の廢棄以外にはあり得ないことを先づ明確に認識しなければならない。

第四章　自衛権とは何か

一　自然權としての自衞權
― あらゆる個人、國家にとつての原初的、無制約的權利としての自衞權 ―

此處で自衞權の本質を原理的に考察してみたい。

第二章に於て、國家主權の本質は國際法上措定された無制約者であることが確認された。「端的な無制約者」としての神は「我が神」である他は無く、諸宗派の妥協は成立不可能であり、果てしない殺し合ひの宗教戰爭をとにかく終らせる爲に案出された法制上の措定が國家主權である。これによつて「我が神」の無制約性は個別主權國家内に制約されることが可能になり、個別主權國家が竝立するといふ現在の國際秩序の原型が成立し、悲慘な宗教戰爭を一應終らせることが出來た。しかし、この所謂ウェストファリア體制は「無制約者」を「制約する」といふ原理的矛盾を包含してをり、本質的に不安定である。その不安定さを包藏する國家主權の無制約性は何處に立ち現はれるかと言へば、それは自衞權である。

此處で所謂社會契約説に御登場願はう。勿論社會契約説の契約の成立は實證的に確認される歴史的な事實ではないが、法制上の始源的無制約性としての國家主權の發生及びそれの法的權能への移行といふことが原理的に單純に解り易く論證出來るといふ長所を有ち、しかもそれが實證出來る歴史的事實ではないといふことはわれわれが今此處で論證したいことに全く影響しないからである。法律による拘束が存在しない状態（自然状態）から法的拘束が存在する状態への移行は、その實現が實定法による保證を必須とし、且つ實定法といふものが人間の意識的營爲によつて成立する人爲の産物であり、且つ人爲的思考實驗としての社會契約説から導出される國家主權及び自衛權の無制約性も亦人爲の産物であるといふ共通する屬性が存在する限り、兩者は全く同程度に實際に現實を制約してゐる。勿論、第一章に於て確認されたやうに（十六〜十七頁）、「根源的契約」はカントの言ふ「理性の純粹理念」といふ「我が神」が練り込まれてゐるから成立するのであり、われわれはそのやうな「信仰」は共有出來ないが、それを除外した、社會契約説といふ思考實驗によつて確認される國家主權の無制約性發生の原理的經緯といふ部分を使はせて貰ふといふことである。

先づバラバラな個人が孤獨に生活してゐると假定する（抑もかういふ假定がリアリティに缺けるが）。かかる個人は生き延びる爲には如何なることでもやり、且つ誰もこれを阻止する權利は無いと考へられることは自明であらう。この状態が「萬人の萬人に對する鬪爭」状態である。かかる「自然」状態に於て、個人は自己の生存を確保する爲に如何なることでも爲し得るといふ意味での無制約的な自衛權を有つてゐると言へる。又、自明の始源的權利といふ意味に於てかかる自衞權の保持は自然權であると考へることも亦自明である。以上が社會契約説といふ假説に於て確認された自衞權といふ始源的、無制約的權利の發生現場である。

この個人の自衞權をより確實に、強力に、效率的な力とする爲に個人の集合が契約を結んで國家を創設するといふのが社會契約説に依る國家成立の物語である。かかることが歴史的事實ではあり得ないことは、所謂歴史時代に入つての諸國家の樣々な事實を些かでも考察すれば明白であるが、その檢討は今當面の問題ではない。今注目すべきは個人に於て存在が確認された無制約的自衞權の行方である。個人間の契約によつて設立された國家は、各個人が有つてゐた無制約的自衞權を國家の成員である各個人から讓渡される。この讓渡によつて國家は無制約的權能としての自衞權を獲得し、かかる自衞權の無制約性を核として無制約的國家主權は成立する。

以上の思考實驗は、社會契約説といふ現代民主制の公認假説を用ゐて無制約性を現出せしめた思考實驗であつた。非常に單純明快で誰にも理解され得ることであり、且つこれを否定することは事實上不可能であると言へる程に現實的な説得力を有つてゐる。無制約性は人間の凡庸な日常生活に於ては生存の確保に見出される他は無いが、それは、それが無ければ自らの生存を保ち得ないといふ切實この上も無い形に於て嚴然として存在してゐる。死んで花實が咲くものか。人は生き延びる爲に必要なことは何でもやつて生き延びる他は無く、國家の成立の起源も、その歴史的經緯は實證的には解明出來なくとも、その重要な部分として各個人が孤立した個人としての活動を超える生存確保の確實さを求めての共同體の設立といふ側面があることは實證の可否を捨象しても確實であると言ひ得るであらう。

　この種の思考實驗に於て常に意識されねばならぬことは、「孤立した個人」にせよ、かかる「個人が集合し（契約し）て成立する共同體としての國家」にせよ、既に存在してゐる他の無限の多様さを捨象して特定の性質のみを抽出して得られるものであるに過ぎないといふ意味に於て假想存在である、といふことである。現實は常に既に在るものとしてこれらの抽象的範型を超出してゐる。少しく考へてみれば當然のことと納得されることであるが、全く他の人間から孤立した個人などといふ人間が現實に長期に亙つて生存を維持出來るとは考へられず、又、共同作業として明確に意識されてゐたか否かは扠措き、生存の爲の共同といふことは何らかの形に於て確認しやうも無い悠遠の古へより確實に存在してゐたであらう。かかる意味に於て「孤立した個人」もそのやうな「個人」によつて構成される「國家」も現實の無限な多様を分析した結果見出された「抽象的な、その意味に於て「非現實的な」現實」なのである。そして、かかる認識成立の後に、その認識が新たな具體的現實形成に參加するといふ形に於て具體的現實の一部となるのである。かかる意味に於て、時間の經過による現實全體の軌跡としての歴史（このやうな表現も嚴密さに缺けるが）の中に原初的な國家成立の現場を見出すことは不可能であらう。

しかし、先に確認された如く、法制上の無制約者としての國家主權の現實存在は、現實の歴史に於て見出される具體的諸國家の歴史的實在性や國制の實情といふやうなことには全く制約されない。法制上の「無制約者」とは、現實全ての制約として「存在しなければならないもの」として措定される存在であるに過ぎず、他方「現實」も亦、具體的現實に於て「全體」として存在してゐる譯ではなく、「「全體」としての現實」も亦、これに對應する「無制約者」が現實を制約して現實を支へ、これより先なるものは原理的に在り得ない最終根據として「存在しなければならぬもの」であると措定される存在であるに過ぎないといふ事態に對應して、同様に措定される存在に過ぎないといふ存在性格を有つ。斯様に法制上の「無制約者」もこれに對應する「「全體」としての現實」も共に措定された存在であるに過ぎないが、それゆゑにそれらから漏れ落ちる現實は原理的に在り得ない。現實「全體」を考察の對象とする際にはかかる措定は必要不可缺であり（現實は何處まで遡及しても「既に存在してゐる」のであり、かかる現實を「全體」として一括して超越的認識の對象とすることは原理的に不可能である、といふ主張は正しいが、かかる主張を爲す者は、然らば現實に於ける最終根據のとしての「無制約者」の存在の（少なくとも法制上の）必要を如何に滿たすか、といふ根本問題に必要十分な解答を用意する義務があらう）、その必要を認める限り、かかる措定の現實性、具體性は原理的に保證されてゐる。先に確認された如く、かかる措定は法制度としての實定法の制定と人爲であるといふ屬性に於て共通してをり、現代社會に於て法制度の現實存在が凡そ疑ふべからざる普遍的現實となつてゐることを認めるならば、かかる法制度上の最終根據である主權國家の自衞權の無制約性も亦全く同様に疑ひ得ない普遍的現實であると言はなければならない。

以上の考察から導出される自衞權の自明性、無制約性とは、最終的には「存在は存在し續ける他は無い」といふことの自明性、無制約性に歸着するとも考へられるであらう。これを認識し得た存在としての人間が自衞權を自らの存在確保といふ始源的權利として法制度上に位置附けたものであると言へよう。

これを妨げる權利が自己以外の如何なる他者にもあり得ないことは最早縷説を要すまい。自己防衞の始源的權利である自衞權が認められないとすれば、我が國は他國から「死ね！」、「殺すぞ！」と言はれても、かかる傲慢無禮にして理不盡、反道徳的な他國からの恫喝、更には侵掠を拒否する法制上の根據を有ち得ない、といふことになる。即ち、唯々諾々として死ぬか、あるいは恫喝相手のゴロツキに自發的に媚び諂つて服從して生き延びるか、の何れかしか對應の選擇肢は無いといふことになる。これはまさに戰後體制下の現在の我が國の姿そのものである。更にこの自衞權否定を自己及び自國が當事者では無い場合に敷衍すれば、自己及び自國以外の人間や外國をを殺し、侵掠する權利を有つ人間や國家の存在を法的に許容するといふ理不盡、反道徳を必然的に意味するといふことである。而して自衞權の具體的發動手段としての軍備を縮小することが現實に實行される場合があるとすれば、當事國が無制約的自衞權を有つまともな國家である限り、その軍縮が結果として自國の防衞力が高まることになる場合に限られるといふことは必然であらう。

二　個別的自衞權と集團的自衞權

一昨年の所謂安保法制成立に關聯しての自衞權議論に於て、我が國の集團的自衞權が認められるか否かで大騷ぎとなつた。安保法制反對の反日左翼勢力は、安保法制を「戰爭法案」とレッテル貼りして、この法案が成立すれば我が國は戰爭に巻き込まれて破滅するのは必定であるかの如き妄言をヒステリックに喚き散らし、安倍首相を口汚く罵り、首相の寫眞をヒトラーに似せて改造し、その下にドイツ語の文言を載せて誹謗中傷するやうなことも平然と繰り返し行つてゐた。其處には傾聽すべき内容のある議論は何も無く、只管安倍首相を誹謗中傷し、憎惡する、まさにヘイト・スピーチとしか言ひ樣の無い低俗醜悪極まる罵詈雜言であつた。

斯樣に反日左翼勢力の安保法制非難は汲むべき内容のある批判ではないことは明かであるが、そのことは安保法制及びそれを緊急に必要とする現在の我が國の國防體制に問題が無いといふことを寸毫も意味しない。

此處ではこの論稿の主題に即して、自衛權の本質といふ原理的問題から照し出される問題に議論を限定するが、安保法制、即ち現状の國防體制の根本的缺陷は、本質的に不可分な自衛權を個別的自衛權と集團的自衛權とに分割して、集團的自衛權が所持出來るか否か、といふ問題に議論を最初から制約限定してゐることにある。この根本的制約、と言ふより寧ろ歪みは、改めて指摘するまでもなく、現行僞憲法を中核とする戰後體制そのものに由來する。

既に確認された如く、自衛權は原初的な法的權能であり、これを制約出來るやうな存在は超越的な無制約者の存在を認めない限り、現實には存在し得ないのである。即ち、自衛權とは本質的に無制約的で全體的な法概念であり、「制約された」自衛權といふやうなものは矛盾概念であり、あり得ないものであると言ふ他は無いものなのである。個別的自衛權と集團的自衛權といふ「區別」も、自衛權にはさう區別すると理解し易い側面があるといふことに過ぎず、二つの別個の自衛權が相互に排反して存在してゐるといふやうなことでは全くない。自衛權は始源的、無制約的概念として本來不可分な包括的概念であり、その一部分が否定されると本來の權能は喪はれてしまふといふ性質を有つ。全稱肯定命題の否定は特稱否定命題になることとまさに同斷である。國際連合憲章が個別的自衛權と集團的自衛權兩方を全加盟國に認めてゐるのはさういふ論理の必然に從つてゐるに過ぎないと考へられる。獨り我が國のみが戰後體制といふ足枷に縛られて、さういふ論理の必然とは懸け離れた處に於て、不毛で頓珍漢な議論の泥濘に嵌められて脱け出せないでゐるといふ悲喜劇を果てしなく演じてゐるに過ぎない。

三　國家主權、國軍、自衛權の相互關係

― 國家主權＝國軍＝自衛權は三位一體で全て無制約 ―

自衛權が本質的に無制約的であることは既に十分に確認された。續けて、かかる無制約的自衛權と國家主權及び國軍との關係を考察してみよう。

無制約性はその定義によつて全ての制約を免れてゐることを意味するが、自分を制約するものを有たないといふことは、自分より上位に在つて自分を制約するものが無いといふことを意味し、従つて無制約性を有つものはその限りに於て必然的に同一であると考へられる。まさにこの理由から、自然狀態に於ける孤立した個人の無制約的自然權として法理論的には認識される無制約的自衛權、その個人の無制約的自衛權を契約によつてその儘讓渡されることによつて成立したと説明され得る國家が具備するあらゆる法的權能の根據として措定された無制約的國家主權、その國家主權の無制約性を具備するがゆゑに合法的に敵國の兵員を殺傷する權能を有つ國軍、この三者は三位一體であり、等しく無制約的である。即ち、これら三者は如何なる他者によつても制約されず、萬一制約を受けるならば、直ちにその本質を否定されるといふことを意味するのである（圖版『國家主權＝國軍＝自衛權は三位一體で無制約』參照）。

四　核廢絶は原理的に不可能

かかる獨立主權國家の主權の無制約性を現實に於て保證する強制力は、現在の世界に於て最強である（＝無制約である）兵器、即ち核兵器であり、それ以外はあり得ないのである。まさにかかる意味に於て核兵器廢絶は、核兵器を無力化出來る新たな最強兵器が出現せぬ限り、不可能であると斷言出來る。現状に於て眞の獨立主權國家として自らの國家意思を如何なる外國の顏色を伺ふこと無く表明してこれを貫徹する爲には、核武装が必要不可缺な所以である（圖版『國家主權＝國軍＝自衞權は三位一體で無制約』參照）。

五　典型的事例としての國聯總會と安保理事會

かかる世界政治の苛酷な現状をあからさまに反映してゐるのが、國際聯合の總會と安保理事會の議決方法の相違である。

國家主權の無制約性から、これを平等に有つ各個別主權國家が對等、平等であることは必然的に導出されることであり、從つて總會は參加國各一票を投じて議決が爲されることは當然であるが、これが虚しい建前に過ぎず、世界は武力が最終決定權を握る弱肉強食の野蠻な世界であることも亦赤裸々な現實である。國家主權の無制約性を現實に享受出來るのはその無制約性を現實に保證する無制約的軍事力、即ち核戰力を有つ諸國家、具體的には安保理事會に於て拒否權を有つ五つの常任理事國のみであり、常任理事國の米、英、佛、露、支の五ヶ國は全て核武裝國である。前節に於て確認された無制約性がかかる形に於て必然的に自らを現實たらしめてゐるのである。

嚴格に認識せねばならぬことは、かかる始源、最終根據としての無制約者は、何らかの形で現實世界に於て必然的に存在する他は無い、といふことであり、われわれに出來ることはこれを認識して受け容れ、かかる無制約者を可能な限り、合理的に管理運營する他は無いといふことである。現代社會に於ける核軍縮の意味とはさういふことであるに過ぎない。感傷的な核廢絶の願望を否定する冷血漢になりたいと個人的心情次元に於ても願ふ者は極く少數であらうが、前節に於て確認された、世界に於ける最終根據としての無制約者の必要と現在の最強兵器としての核兵器の無制約性の必然的一致といふ現實がある限り、核兵器の廢絶は不可能であるといふ認識を有たねばわれわれは核武裝する國々の隷屬者となる他は無いのであり、現在既に我が國は現實にさうなつてゐるのである（圖版『國家主權＝國軍＝自衛權は三位一體で無制約』參照）。

六　國家主權、國軍、自衛權のうち、何れを否定するか

以上に於て、無制約性を有つことに於て國家主權、自衛權、國軍は三位一體であり、その何れもが、その一部分でも制約されれば、その無制約性が毀損されてその本質を破壞されるといふことが確認された。我が國は現行僞憲法を中核とする戰後體制によつて國體護持及び獨立主權國家としての存立、その兩方を倶に不可能にされてしまつてゐるが、「國家主權、國軍、自衛權のうち何れを否定するか」といふ問題は、後者の問題、即ち獨立主權國家としての存立を不可能にすることに主に關はつてゐる事は明白である。

現行僞憲法が天皇を「象徴として規定する」ことによつて國體を破壞してゐることは第一章で解明した。この國體破壞は、九條による國軍否定に較べると理解するのが難しいらしく、略全ての所謂保守層の人々が理解してゐない致命的重大問題であり、この問題に關して國民の蒙を啓くことが眞の國制恢復の爲の最重要課題であることは何度強調しても強調し過ぎることはない。これに對し、九條の國軍否定は條文の記述から明白なので、大方の國民は一應理解してゐるとは感じられるが、國軍否定が同時に我が國の獨立主權國家としての國家主權及びその國家主權と表裏一體の自衛權をも

否定してゐることを理解してゐる國民は殆ど居ないであらう。

如何にＧＨＱの意圖が日本永久弱體化、米國への屬國化であらうとも、日本國家の憲法に日本の國家主權と自衛權とを條文に於て明確に否定することは出來ないと判斷したのであらう。「我が國は國家でありません（＝國家主權を有ちません）」と憲法の文言に謳ふことは出來ないといふことである。當り前であるが、これと全く同じ内容のことを國軍保持全面禁止によつて實現出來るのである。國家主權、國軍、自衛權の三者は三位一體であり、その何れか一つを否定すれば、當該國家は獨立主權國家としては存立し得なくなるからである（圖版『國家主權＝國軍＝自衛權は三位一體で無制約』參照）。

ＧＨＱが「國家主權＝國軍＝自衛權」を國家存立の根本原理として明確に認識した上で、これを否定することによつて我が國を滅亡に追ひ込まうと企圖してゐたのかは實證史家の研究に期待する他は無いが、そのやうな歴史事實の確認は別にして、事柄の本質はさういふことである。國軍保持の全面禁止によつて、ＧＨＱが豫め企圖してゐたか否かといふ史實は扨措き、「國家主權＝國軍＝自衛權は三位一體にして全て無制約的」といふ冷嚴な眞理が作用して我が國は眞の主權恢復を爲し得ずに衰亡の道を辿つてゐる。

七　自衞權保持と國軍保持とは一體不可分

現行僞憲法に於て國軍保持は條文で明確に否定してゐるが、自衞權に關しては何も書かれてはゐない。その間隙を突く形で所謂蘆田修正なる文言を九條に滑り込ませて、國軍否定を曖昧化して自衞權容認の餘地を何とか確保する憲法解釋を可能とした、いふことが史實に關する通説のやうであるが、その史實探索は當面のテーマではない。此處で嚴格に認識せねばならぬことは、國軍保持と自衞權保持とは表裏一體で不可分のことであり、一方を否定することは直ちに他方を否定することを意味し、どちらか一方のみを成立させることは不可能である、といふことである。（現行僞憲法の九條二項に交戰權の否定が謳はれてゐるが、この交戰權といふ概念自體が極めて曖昧で好い加減なものであるらしく、起草者の一人である米國人ケーディス自身、これが何を意味するのか不明である、などといふふざけたコメントを遺してゐる（『憲法が日本を亡ぼす』第九章「憲法第9条はだれが考えたのか？」古森義久著　海竜社）。交戰權の英語原文 the right of belligerency のラテン語の語源から推測するに、戰爭を遂行する權利といふ意味しかあるまい。自衞權の行使が國軍による自衞戰爭の遂行を含意するとすれば、交戰權の否定は國軍否定の再確認、駄目押しであるに過ぎまい。）この原理的問題を根本的に解決出來ないことが根本問題なのであり、かかる根本問題を惹起せしめてゐる元兇が現行僞憲法であることも明々白々である（圖版『國家主權＝國軍＝自衞權は三位一體で無制約』參照））。

八　現行僞憲法下での自衞權容認 ― 原理的問題の發生 ―

前節で自衞權保持と國軍保持とは一體不可分であり、どちらか一方のみを容認することは不可能、と言ふより寧ろ無意味であることが確認されたが、まさにかかる原理的事態に違反する愚行を、さうせねば生きられぬがゆゑに敢へて爲す他は無いのが戰後體制下に在る現在の我が國なのである。

軍事力による國防措置を執らずに生存出來る國家は在り得ぬがゆゑに、現行僞憲法に自衞權の否定が條文に明文化されて謳はれてはゐないことを根據にして、我が國は獨立主權國家として自衞權を有つと強辯してゐるのが現在の我が國政府の憲法解釋の根幹であり、そしてそれは戰後體制といふ桎梏の下に在つて我が國が生き延びる爲の已むを得ざる彌縫策として容認する他は無き政策なのであるが、この彌縫策には原理的な問題が當初から抱懷されてゐる。それは何か、と言へば、自衞權の現實的な現象形態としての國軍を保持することを現行僞憲法によつて全面的に禁じられてゐるがゆゐに、國防に必要な軍事力は全て有つことが出來、そのことによつて國家設立の始源的目的である國民の生存を確保することが出來るといふ、凡そ人間が具備すべき原初的權利としての本來の自衛權（既に何度も確認されたやうに、それは本質的に無制約である）を結局は有ち得ない、といふ原理的問題である。即ち國軍保持を全面否定された狀態で自衛權保持を主張しても、その實行手段を有ち得ないがゆゑに結局は自衛權保持（行使手段を有つことを禁止された自衛權保持は無意味である。それは端的な自衛權の否定と同斷である）は不可能といふことに辿り着かざるを得ないのである（圖版『國家主權＝國軍＝自衛權は三位一體で無制約』參照）。

九　原理的問題の糊塗隱蔽による深刻な弊害―自衛權の自主制限といふ愚策―

國軍保持全面禁止といふ現行僞憲法の奴隷的制約によつて、我が國は自衛權を現實に有效たらしめ、行使出來る國軍保持以外の手段を探索する他は無かつた。國軍以外に武力を合法的に所持出來る國家組織は警察といふ行政機關の他は無いので、警察豫備隊といふ珍妙な組織が占領時代に案出された。その後それが兵員數、裝備面での擴大、改善を施されたが、法制上の位置附けは警察豫備隊當時の儘なのが現在の自衛隊である。即ち行政府に屬する行政機關としての警察に準ずる一行政組織であるに過ぎない（圖版『國體と政體』參照）。自衛隊の軍事力としての評價は樣々であらうが、それは當面のテーマでは全くない。此處でのテーマは唯一つ、自衛隊が正規國軍ではないことが惹起する原理的問題とは何か、といふことである。この問題は自衛隊が正規國軍となる以外、如何なる解決方法も在り得ない原理的問題である（圖版『戰後體制の本質』參照）。

既に何度も確認された如く、國家主權、國軍、自衛權の三者は三位一體で不可分であるが、かかる一體性を齎してゐるものは無制約性といふ始源的性質である。これの最も確認し易い事例は、「生き延びる爲には何でも爲し得る」といふ意味での自衛權の無制約性であらう。これに異を唱へる爲には、生存を超える價値の存在を想定する他は無く、かかる價値の設定に萬人の合意を得ることは恐らく不可能であるといふ意味で自衛權は否定することが最も困難な原初的權利であると言へる。かかる意味に於て自衛權とは本質的に無制約的であり、その無制約性を些かなりとも毀損されれば、無制約性は端的に否定される他は無いといふ特質が無制約性にはある。平俗に言へば、自衛權とはオール・オア・ナッシングなのである。

かかる自衛權の實現手段としての國軍の軍備は、自衛權と全く同樣な無制約性を有たねば現實に有效なものとはなり得ない。即ち、必要な兵備は全て所持することが可能であるといふ無制約性を國軍は有たねばならないのである。さうでないと國防力は自ら弱點を形成することになり、敵國に格好の攻擊目標を提示することになつてしまひ、無意味なものになる他は無くなるからである。

然るに我が國の自衛隊は正規國軍となることが現行僞憲法で禁止されてゐるがゆゑに本質的に無制約的な自衛權の行使手段には原理的になり得ぬ、國防力としては原理的に有效ではあり得ないことをその創設當初から運命附けられてゐる悲喜劇的な軍事組織なのである。自衛權の本質である無制約性に到達する爲には日米安保條約に依存せざるを得ないやうに仕組まれてゐるのである。それでも現實に存在してゐる以上、その存在の正當性は主張される他は無い。その結果、何が生じたかと言へば、制約された珍妙な軍事組織である自衛隊に對應して獨立主權國家の本質的な屬性である無制約的自衛權を自ら制約するといふ愚策を我が國は採つたのである。

再三再四確認されたやうに、自衛權は原初的、包括的、無制約的な概念で、個別的、集團的の區別も自衛權の一部の特徴を強調的に表現した區別に過ぎず、自衛權を二つに分割することを可能とするやうな性質の區別ではない。自衛權を有つのであれば、必然的に個別的自衛權も集團的自衛權も兩方有つのである。自衛權とは無制約性を必然的に含意する概念である。「制限された」自衛權とは矛盾概念であり、成り立たない概念である。即ち、個別的自衛權のみを有ち、集團的自衛權は有たない、といふ事態は本來成立せず、些かでも缺如部分があると自衛權そのものが成り立たないのである（全稱肯定命題の否定は特稱否定命題であることを想起せよ）。個別的自衛權のみを有ち、集團的自衛權は有たないといふことは端的に自衛權そのものを有たないことに等しいのである（圖版『國家主權＝國軍＝自衛權は三位一體で無制約』參照）。

自衛隊は發足當初「戰力無き軍隊」であると呼ばれて、これを以て自らの存在を憲法に違反する「軍隊」ではないと「正當化」し、その後は「必要最小限度の自衛軍備」であることを新しい「言ひ譯」として來た。政府はその具體的證據として諸外國に「脅威」となるやうな「攻擊的」兵器は有てないと公言して自繩自縛して來た。その結果、大陸間彈道ミサイルや戰略爆擊機、空母や攻擊型原潛等は所持出來ない、などといふ間拔けも此處に極まれりといふ聲明まで出す始末であつた。こんな制約を自發的に自らに課する自衛力が役に立たぬことは餘りにも明白である。此處に列擧された兵器を用ゐて攻擊されれば敗北しますと宣言してゐるに等しいからである。これは自衛隊の第一線部隊の精強さ如何の問題では全くない。すべては先述の原理的矛盾に淵源する事態なのである。

自衛權はその本性上無制約性を必然的に求める。坐して死を受け容れることに納得する者は居ないからである。我が國もその人間の本性から免れられないことは必然で、現に無制約的軍備を求めてゐる。それがアメリカの「核の傘」への依存であるが、そんなものが無制約的自衛權の最終的據り所にはなり得ぬことは、他國の生存の爲に核戰爭はしないと如何なる國家でも思ふのが當然であるとすれば、明白である。これを裏附ける證據は、田母神元空幕長が様々な著書で明らかにしてゐることであるが（例へば『日本核武装計画』（祥伝社））、アメリカはNATOに加盟してゐる西歐の數ヵ國にはニュークリア・シェアリングを認めてゐるが、我が國には認めてゐない、といふことである。田母神元空幕長の述べる如く、「核の傘」は戰爭に到る前の抑止にはある程度ブラフとして役立つかも知れないが、實際の戰爭になつた場合には、單なる破れ傘に過ぎないことが明らかになり、何の役にも立たないであらう。

それでもなほ、必然的に無制約的自衛權を求めて破れ傘に過ぎない米國の核の傘に縋り附く他は無い國家體制が戰後體制なのである。米國に縋り附くことによつてやつと「核の傘」といふ（僞りの）無制約性に辿り着けるといふシステムが戰後體制なのである。國軍の保有禁止は無制約性を同様に有たねばならぬ自衛權、更に國家主權自體の否定に必然的に繋がり、これによつて我が國が獨立主權國家として自立することを不可能にしてゐる（圖版『國家主權＝國軍＝自衞權は三位一體で無制約』參照）。

併せて現行僞憲法は「天皇を「象徴」と規定」し、その「地位」を「「國民の總意」に基づくと規定する」ことによつて我が國の國體を決定的に破壞してゐる。第一章に於て形而上學的に詳しく解明したやうに、天皇存在は我が國の「象徴」などでは全くないし、且つその存在が「國民の總意」に基づくなどといふことも全くない。かかる規定は全くの虚僞虚構であり、こんな國體破壞、主權否定の米國製僞憲法を有效と認めて部分改訂して繼續使用することなどあり得ぬ烏滸の沙汰としか言ひやうが無い（圖版『戰後僞憲法による國體破壞』參照）。

十　「專守防衞」の「あまり明るくない」祕密

現在の我が國の防衞體制の基本姿勢は「專守防衞」なる標語によつて表されるやうである。「戰略守勢」といふ軍事學の術語と混同される場合もあるやうだが、「專守防衞」は先に確認された、戰後體制下にある現下の防衞體制と平仄を合はせた、軍事合理性を無視してまで只管我が國の領域内に逼塞した、諸外國の顏色を伺ひ、これに迎合して「脅威」を與へない卑屈な國防姿勢を指す標語であると感じられるのである。從來私はこのやうに感じてゐて、それ以上この標語が意味することを深く考へてもみなかつたのであるが、最近ふと以下の如き意味も込められてゐるのではないかと思ふやうになつた。

とにかく内向きの姿勢で、北鮮が我が國方向に彈道ミサイルを威嚇發射しても國民向けの言ひ譯のやうにパトリオット・ミサイルを自衛隊の駐屯地内に配置したり、イージス艦を領海内、精々公海内に派遣するのが精一杯で、恫喝して來る暗黒腐敗專制國家に對抗して同等の軍事的威嚇を決してしないし、又出來もしないといふ姿勢を見せることが「專守防衛」の內實であるとばかり思つてゐたのであるが、そんな標語を掲げざるを得ない原因はさういふ卑屈な姿勢を示さねばといふ心理的なものばかりではなく、自衛隊が正規國軍ではないがゆゑに實際に交戰する可能性が些かでもある國境外の場所や狀況にはそもそも法制上入つて行けないと判斷されるといふ切實な事情もあるのではないか、と思ふやうになつたのである。

平時では正規國軍と自衛隊の根本的相違は大した問題にはならず、自衛隊を「日本軍」、自衛官を「日本軍人」と諸外國が誤解してくれることは自衛官の「處遇」向上といふ實際的メリットの方が大きいとさへ言へるかも知れないが、いざ實戰となれば、そんな悠長なことは取るに足りない瑣末事となり、正規軍であるか否かが國際法上決定的な重大事となることは明白である。抑も日本國の主權が及ばぬ地域で武力行使が出來る法的權能は正規國軍のみが有つのであり、敵兵殺傷の違法性が阻却されるのも正規國軍の軍人のみである。法制上絶對に正規國軍ではあり得ない自衛隊が日本國家の領域の外、即ち主權の及ばぬ地域で武力行使することには違法性の疑ひを拂拭出來ないと言はねばならない。そのやうな疑念を拂拭出來ぬがゆゑに、國防線と國境線とを重ねるやうな軍事的には愚策としか言ひやうの無い「專守防衛」姿勢を採るのであらうかとの疑念が生じるのである。主權の及ぶ領域內では警察組織と同類の行政機關である自衛隊でも法制上武力行使は可能であるから「專守防衛」と謳はざるを得ないのではないか、と感じられるのである（圖版『「專守防衛」の「あまり明るくない」祕密』參照）。

想定を超えて出來する狀況に十全に合法的に對處出來るのが、主權そのものと言へる正規國軍である。正規國軍のみが十全に自衛權を行使出來るが、その行使に必要な無制約性を有つ國軍の何たるかを理解する爲の適例は在日米軍である。沖繩を始めとする在日米軍に關する問題の核心を理解する要點は、まさに「國軍＝國家主權」を理解することである。

在日米軍基地はアメリカ合衆國の主權下に在り、その意味に於て米國の領土に全く等しい。即ち我が國の主權が及ばない治外法權區域である。基地內で發生した如何なる事件、事故も、又たとへ米軍部隊や米軍人が引き起した事故、事件が基地の外であつても、米軍は米國の國家主權そのものであるから、米國內で發生したそれらと同じく米國の主權の下で處置され、我が國は我が國の主權に由來する權限でそれらを搜查して處置することは出來ないのである。國內で走つてゐる外交官ナンバーの車が治外法權であるのと全く同斷である。國家主權の無制約性、至高性は全くその儘當該國軍にも妥當し、我が國の主權と米國の主權とが在日米軍基地內で重なつて對等に同時に存在することは原理的に在り得ないことである。從つて當然在日米軍基地內では米國の國家主權が獨占的に妥當する。しかしながら、日本は米國の海外領土ではなく、日米二國間には一應對等な外交關係が在り、日本政府の機關が全く米軍事案に關與出來ないといふのも適切ではないので、地位協定が結ばれて、日本側がある程度は關與出來るやうになつてゐる。しかし、どのやうな深刻な事故や事件であつても、米軍の處置や對策に日本政府の意向が地位協定を超えて反映されることは原理的にあり得ない。米軍の運用は米國の主權行使そのものであり、如何なる外國の容喙も米國は許さないからである。我が國は米國から事後通告されるのみである。又、日本國民が在日米軍基地內に入る時は米國領土に入國する際と同樣にパスポートの提示が要求される。

以上の如き米軍基地の存在及びその運用方法は、われわれが素朴に考へるならば、日本にとつて屈辱的であり、米軍や米國に對して反撥を感じるのも自然なことである。しかし凡そ外國軍の駐留を認める限り、上述のことは完全に合法的、合理的であり、在日米軍の運用も概ね妥當と評せるものである。勿論、事件や事故の發生は遺憾ではあるが、それらの發生が皆無な軍隊は存在せず、米軍駐留を認めてゐる限り、それは致し方の無いことであると受け止めるより他は無いであらう。

米軍駐留への怒りを米軍に向けるのはお門違ひなのである。怒りは自らの力で自國を防衞出來ぬやうに構築されてゐる我が國の戰後體制にぶつけられなければならない。外國の如何なる軍事的な恫喝や脅威にも自力で對處出來る軍事力を有てば米軍にはお引き取り願へるのであるが、これの實現を阻むのが戰後體制なのだから、これを一刻も早く廢棄して、本來の國制を恢復することが問題の唯一の本質的な解決方法であることをわれわれは知らねばならない。

戰後體制の軍事的支柱は日米安保體制である。日米安保體制とそれに伴ふ我が國の米國への軍事的（最終的には日本國家自體の）依存從屬は、媾和條約締結以來現在に到るまで米國自身の意志に他ならぬがゆゑに維持されてゐることは見逃されてはならない眞實である。日本を防衞してやつてゐるといふ恩惠を施すポーズを取りながら内實は自國の利益（それは世界政策遂行に於てのといふ意味での利益であるが）の爲に日本駐留を續けてゐるといふ意圖があることは、公的には語られ得ないが、嚴然たる眞實である。確かに現在の我が國の領域警備に在日米軍が役立つてゐるとは思はれず、その限り駐留の意味は無いと感じられる。しかし、萬一の爲だ、自衛隊だけでは十分ではないだらう、と言はれれば、その通りだと首肯せざるを得まい。とりわけ現在のやうに北朝鮮の核ミサイルによる露骨な恫喝に對處するには自衛隊だけでは全くお手上げで、米軍の支援無しにはどうにもならない。現に在日米軍基地では北朝鮮の動きに對應して米軍が活動してゐることが報じられてゐる。しかし、米軍の活動は北朝鮮の核兵器開發配備に對して米國を防衛する爲のものであるやうにも思はれ、我が國を防衛する爲ではないとも感じられる。米國を防衛することは同時に日本を防衛することでもあるのだ、と言はれれば、確かにそれはさうだらうと答へる他はあるまい。しかし、我が國は米軍がどのやうな活動をしてゐるのかを知ることによつてそれを確かめることは出來ない。米軍から知らされること以外、米軍の活動の實態を知る術が無いのである。それは米國が我が國に對して特別惡意を有つてゐるからではなく、自國軍の活動を如何なる外國にも自國の意向を超えて告知する如何なる義務も米國には無いといふ理由に依る。それは國家主權、國軍の法制上の無制約性から導出される當然の歸結なのである。それでも我が國にしてみれば、他所者が勝手に自宅に上がり込んで好き勝手なことをやつてゐるとの不信感、不快感を禁じ得ないのであるが、俺たちはお前たちを守る活動もしてゐるのだ、さういふ約束をしただらう、と言はれれば不愉快さを押し殺して默る他はあるまい。確かに米國や米軍は法制上何も不當なことはしてゐないのだから。

米國は、日本防衛を大義名分として米軍を日本に經費の相當部分を負擔させた上で駐留させ、その大義名分ゆゑに我が國に自立した軍備を有つことを許さず、更に國民から國防意識を喪失させることによつて我が國の生殺與奪の權を握ることが出來てゐる。しかもその活動の內實を我が國は米國の國家主權＝國軍の無制約性に阻まれて確認することが出來ない。實際米軍は自らの世界戰略の根據地、兵站基地として在日米軍基地を利用してゐるに過ぎないといふのが實情であらう。

しかし、それでも我が國は米國の核の傘といふブラフに依存せざるを得ない。周圍を惡意ある核軍備大國に圍まれてをり、ハッタリであれ、破れ傘であれ、無制約的な、即ち核戰力を有つ軍事力を背景にすること無く生きることは出來ないからである。アメリカの軍事力といふ後ろ盾を喪ふことへの我が國の恐怖感は、自分の足で歩く能力を喪つた者が、隙あらば突き倒さうとする無賴漢に取り圍まれながら自分で歩くことを強制される際に感じるであらう恐怖感のやうなものである。現在の國際社會に於ける眞劍勝負は核軍備國の間でのみ爲され得ることは、露西亞が北方二島の返還にさへ應じない理由として、プーチンは返還された際の米軍配備を警戒していゐることを擧げてゐることでも解る。自衞隊配備など最初から問題ではないのである。北朝鮮如き取るに足らぬ弱小貧窮國家でさへ、形振り構はず核兵器開發に狂奔して實際に核ミサイルを手にした途端、世界最大の核軍備大國である米國でさへ深刻に對應する他は無くなつてゐるのが現實なのである。我が國は交渉の土俵に上がることさへ出來ず、全く子供以下の扱ひで相手にもされてゐない。

かかる國際政治の酷薄な現實に於て、米國の核の傘といふブラフに依存する他生き延びる方途が無い状態に我が國を置いて永久に從屬國と爲し、意の儘に支配、利用し、弱體化することが日米安保體制を軍事的支柱とする戰後體制の本質なのである。

その日米安保體制は、米軍の駐留と米軍への基地提供と竝んで、米軍と一體化し、その補完部隊としてのみ機能し得る自衞隊との組み合せによつて成り立つ體制である。その一方の支柱である米軍の駐留容認と米軍への基地提供とに不可避的に隨伴する「不都合な眞實」が上述の國家主權と國軍との關係に關する眞實、即ち在日米軍基地と我が國との屈辱的な關係の實態なのである。この「不都合な眞實」を直視して理解した上で、我が國がそれを解消し、問題を解決する爲に採り得る唯一の本質的解決方法は、現状では米軍の補完部隊でしかない自衛隊を本格的な正規國軍へと拔本的に改變することに始まる軍事的獨立、更にはその軍事的獨立を基盤としての米國からの我が國の政治的自立といふことであるが、これは即ち戰後體制の廢棄に他ならない。上述の「不都合な眞實」の認識はかかる維新囘天の大事業の端緒となる非常に重要な第一歩なのである（圖版『「專守防衛」の「あまり明るくない」祕密』及び『國家主權＝國軍＝自衛權は三位一體で無制約』を參照）。

第五章

日本國體たる萬世一系の天皇存在の無制約性

―皇男子孫の皇位繼承は萬世一系の唯一の現象形態―

前章までの考察に於て、日本國體の核心は萬世一系の天皇存在であり、天皇存在はその「一」性のゆゑに自らより先なる存在を有ち得ず、原初的眞實在に必然的に繋がることが明らかにされた。萬世一系とは必然的に天壤無窮なのであり、かかる天皇存在が自らを制約し得る他者を有ち得ないことは自明であり、まさにこの意味に於て眞正の無制約者であることは必然である。我が國の國制に於て、國際法上各獨立主權國家に措定される法制上の無制約者としての國家主權の無制約性の根據は、天皇存在を措いて他には在り得ない、といふことは明白である。全存在の始源に繋がる萬世一系の天皇存在が具備する眞正の無制約性は、その「一」性ゆゑに我が國ばかりではなく、全世界、全存在の根據でもあることは論理的に導出される認識である。このことは、既に第一章に於て引用した如く（第一章十一～十二頁）本居宣長が明言してゐる通りである（圖版『日本國體』參照）。

この認識は我が國の最も由緒正しき古典に記された神敕を信ずることによつてのみ得られる。其處に語られてゐる傳承は、世界生成を語るといふことの本質を想起するならば、合理を超えて語られてゐることは當然のことであり、何ら荒唐無稽なものではない。これを眞實と信ずることの必然性は、あらゆる科學的認識の前提が要請する信賴と同質のもので、これを合理性の裏附けを缺くとして否定することは存在の構造を理解してゐないとの識りを免れない。論理は存在の一部に留まり、さうであるがゆゑにその嚴密性を確保し得てゐるに過ぎない。合理の域外に存在の原風景は擴がつてゐるのである。

萬世一系の「一」性は、一度の逸脱も無き「皇男子孫の皇位繼承」といふ形態に於てのみ、われわれ人間には認識可能なのである。その皇位繼承の形態は人爲による案出ではなく、われわれ人間には「既に在るもの」として見出す他は無きものである。その形態は、具體的には歴代天皇の父系を遡及すれば必ず初代神武天皇に辿り着くといふ形態である。このことに一つの例外も無いといふ意味に於て「一」であると明晰に理解出來る。われわれ人間は、かかる皇位繼承の形態を歴代皇位繼承の事蹟の中に見出したのであつて、この形態は人の代となつて後、人によつて作爲された形態なのではない、といふことが決定的に重要である。即ちかかる皇位繼承の形態は人爲ではなく、神意と解する他は無く、しかも唯一度の逸脱も無いといふ意味に於て「一」なのであり、この事態を皇位繼承といふ觀點より觀れば、まさに「萬世一系」といふことになるのである。

更に人皇第一代神武天皇は古事記、日本書紀に記された由緒正しき傳承によつて神代に繋がり、その系譜は永遠に途絶えることが無い。まさに天壤無窮の皇統である。

われわれはかかる萬世一系の天皇存在に些かの斷絶も無き眞正の「一」を見出さざるを得ない。

かかる萬世一系の天皇存在の唯一の現象形態が「皇男子孫による皇位繼承」なのである。これを斷固守護せずして如何なる日本國家が存在し得ると謂ふのか。現在の我が國は累卵の危きに在ると言はざるを得ない。大東亞戰爭終結の際に國體護持を唯一の條件として聯合國と交渉した大日本帝國最高戰爭指導會議の要路に在つた顯官たちは正しい國體觀、國家觀を有つてゐたと言はねばならない。かかる顯官たちの認識の上に先帝陛下の御聖斷が下され、我が國は辛うじて國體を護持し得たのであつた。爾來七十有餘年、現在の我が國民は現行僞憲法を始めとする様々な占領軍による洗腦を媾和條約締結後も自覺、脱出し得ぬ儘に國體の何たるかも理解出來なくなり、祖國を自らの手で破壞しようとしてゐる(圖版『日本國體と〝グローバリゼーション〟』參照)。

第六章

日本國體と「グローバル化」

現在、我が國に於ては「グローバル化」といふことが、それが正確には何を意味するのかさへ嚴密に考へられることもなく、何となく雰圍氣、所謂「空氣」と稱されるものに乘つて流布し、廣く受け容れられ、國民大多數はその方向に流されて行くことに抵抗出來ないでゐるやうに見受けられる。そして、その流れに押し流されながら、この流れの正體を知ることもなく、何となく良きこと、少なくとも致し方無いことと漠然と考へてこれに抵抗出來ない状態を受動的に受け容れてゐるやうである。このやうな心性の根柢には、「グローバル化」、「國際化」といふやうな語句で漠然と表現されることが何か抗し難い正しさを具備してゐると思ひ込んで（あるいは思ひ込まされて）ゐることがあるのではないかと感じられるが、かかる心性を自覺自戒し、これに抗して「グローバル化」の正體を正確に知つてこれに對處する必要があらう。

先づ「グローバル化」の意味を明確にする必要がある。この表現は英語の名詞globe「地球」の形容詞globalを片假名表記して、これに「化」を附けて「〜する」といふ意味を附加した表現であると考へられる。即ち字義は「地球のやうにする」、約めて「地球化する」といふ程の意味にならう。更に「地球化する」ことの具體的内實を考へると、現在の獨立主權國家が多數竝存する體制を破壞して、これを一つに統一する（＝地球化する）ことであると考へられる。果してこのやうな意味を有つ「グローバル化」は、われわれがこれを受け容れざるを得ないやうな普遍的正義であるのか。冷静嚴格に考へる必要があらう。

抑も、現在の獨立主權國家竝存といふ國際秩序が成立するやうになつた原因は、悲慘な宗教戰爭を終結させるといふ切實な目的の成就であつた。「我が神尊し」を互ひに主張しても際限無く殺し合ひが續くのみで收拾が着かないので、無制約者（＝我が神）を國家主權として各國家に措定して、國家の枠を超えて「我が神尊し」と主張することを防止するといふ苦肉の、しかし良く考へられた媾和體制であつた。これがウェストファリア體制の核心であるが、各民族が己が信ずる「我が神」を國家主權の究極の根據として獨立國家を營み、各主權國家は相互にその主權を尊重して秩序を形成するといふ國際政治の原理は、それ以上の原理を見出せないといふ意味で依然として現在もなほ唯一の國際秩序形成原理であり續けてゐる。カントも『永遠平和の爲に』に於てかかる諸民族國家の聯合體が永遠平和の基盤であることを述べてゐるのであつて、固有の民族文化を有つ諸國家を破壞して強引に世界統一國家を造ることなどを提唱してゐるのでは全くない。

諸民族が自分達の信仰や文化に基づいて獨立主權國家を營むことを前提とする現在の國際秩序の延長線上に「グローバル化」が希求される場合があるとすれば、それは世界のあらゆる民族が等しく「唯一の神」を「我が神」と信じ、崇拜する場合であるが、そのやうなことが現在生じてゐるといふやうな事實は全く無い。さうであるにも拘らず「グローバル化」が推進される原因があるとすれば、世界の諸民族がそれぞれ獨立主權國家を營むことを障碍と受け止め、これを憎惡し、排除しようとする勢力が存在してゐると推測する他は無い。それは一體何者か。

國境を單なる障礙物としか見做さず、これを破壞除去して利益を得られるのは、多國籍企業や國際金融資本家と呼ばれる集團や企業家達であらう。これらの者らは自己の利益を最大とする目的に照して、世界に存在する樣々な諸國の主權に基づく、當該國家及び國民を守らうとする關税その他の諸制度や商慣習を障碍としか見做さないであらう。個別主權國家を破壞して世界を統一して一つとすれば(＝グローバル化すれば)、その統一された單一世界を「我が祖國」とすることが可能となり、其處で「グローバリズム」と「ナショナリズム」は「止揚」されて同一のものとなり、その區別は解消されて「理想社會」が實現するといふ算段であらう。

此處に見出されるのは、共產主義と國際金融資本主義とのその目的に於ける一致である。從來われわれは、資本主義は全體として一つの立場、思想、體制であると迂闊にも素朴に信じ込み、共產主義とは原理的に相容れず、對立するものであるとばかり考へて來たが、それは「偏見」に基づく誤解であつたと言はなければならない。マルクス主義に對する姿勢も、原典テキストを讀める語學力とその内容を理解する讀解力とを具備し、様々な誤りをテキストの中に見つけて指摘出來れば事足れり、といふことでは全く不十分であると言はなければならない。マルクス主義などいふものは哲學として精緻な讀解の對象となり得る代物ではなく、何よりも國家破壞の爲のプロパガンダの道具として案出されたものであり、さういふものとして現實社會に於て如何に用ゐられて來たかといふ視點からの考察が最重要であり、その考察に必要な限りに於て原典テキストも參照する必要があるといふ程度のイデオロギーに過ぎない。何より重視せねばならぬのは、それが既に我が國を含めて全世界の現實社會に蔓し、今も蔓し續けてゐる途方も無い災厄である。かかる觀點から見れば、その影響の甚大さは改めて指摘するまでもあるまい。

以上の考察は、明確に定義された少數の概念（その中には不可避的に經驗的知見や事實が含まれるが）から演繹されたものであり、實社會から集められた雜多な情報や根據の曖昧な思想から歸納的に得られたものでは全くない。われわれは以上の考察によつて明らかになつた「グローバル化」に贊同する如何なる理由も見出せない。われわれの側に獨立主權國家としての祖國の諸制度を破壞せねばならぬ如何なる理由も無い。

國家は資本家階級の民衆抑壓支配の道具であるなどといふドグマは共產主義の目的達成の爲の根據無き惡辣なプロパガンダに過ぎない。國家は國家每に異なる起源を有つ。我が國は萬邦無比の萬世一系の天皇を戴く國體を有つ世界最長の歴史を矜る國家であり、國民はその悠久の歴史、文化、風土に育まれ、これを支へとして生きて來たと言つてよい。勿論、常に國民大多數がそのやうな國家意識を有つて生きて來た譯ではあるまいが、國家存亡の危機に直面する狀況に於ては國民全體の頭腦とも言ふべき知識人達が率先してその自覺を著述し、廣く國民に訴へて國民全體の自覺へと高めたのである。明治維新期や昭和前期はさういふ時代であつた。我が國にはイタリアやドイツとは異なり、ファシズムと呼び得るやうな特殊なイデオロギーや國家體制は無かつたし、「皇國史觀」といふ偏向した歴史觀も無かつた。我が國の國體の中心たる天皇存在の繼續を軸にして我が國の歴史を綴ることを「皇國史觀」とレッテル貼りして偏向した史觀のやうに喧傳し、貶しめて排斥する「保守」知識人が居ることは洵に憂ふべきことである。所謂「東京裁判史觀」と「皇國史觀」とを對置竝立させて兩方ともダメ、とする俗受けする論法である。戰後體制下での「保守」知識人としての處世術なのかも知れないが、嚴に排されねばならない。そのやうな謂はば「足して二で割る」通俗論法によつて如何なる日本の眞姿を現出せしめ得ると言ふのか。われわれがその爲に生き、死ぬ祖國とは、嘗て其處に生きた祖先や今を生きる家族、親族、國民及びさういふわれわれを育んでくれた歴史的、文化的共同體としての日本しか在り得ない。その中心には萬世一系の天皇が天壤無窮に存在するのである。これこそ日本の眞姿である。これを我が國の中心と考へる歴史觀を「偏向史觀」であると否定して一體如何なる我が國の歴史が存在すると言ふのか。かかる歴史を矜りと思ふ國民無くして如何なる日本國家が存在すると言ふのか。プラトンの對話篇『クリトン』に於て描かれてゐる、由緒正しき祖國アテナイへの敬愛に殉ずるソクラテスの姿こそ亦われわれの眞姿でもあると言はなければならない。

獨立主權國家としてのかかる祖國を毀すグローバリズムを推進する根據は金融資本家や多國籍企業が利益の最大限に追求する「自由」の實現であつた。こんな「自由」を歡迎する如何なる理由も無い。われわれは「自由」といふ言葉を「最善の價値」の表現と思ひ込まされて、「自由」に反對することを「赦されざる罪」の如く考へるやうに戰後體制によつて洗腦されてゐる。歐米の「自由」主義、民主主義に對立して侵掠戰爭を引き起して大敗北した邪惡な軍國主義國家日本、といふ刷り込みである。たとへ金融資本家が好き放題儲ける「自由」であつても、「自由」に逆らふのか！と言はれると萎縮して後ずさりしてしまふ。自我を打ち砕かれた敗戰國民の憐れな習性と言ふ他は無い。

前世紀の八十年代以降、我が國の企業經營の仕方や商慣習等が閉鎖的で特殊で不公平だとアメリカから誹謗中傷され、日米構造協議なる珍妙な協議が長く行はれて、從業員と經營者が協力して單なる利潤追求を超えた生活共同體的な紐帶を維持する爲の様々な慣習や制度、終身雇傭、年功序列、企業別組合等は特殊で閉鎖的であるとして否定された。その後、派遣勞働や非正規社員の激増などによる雇傭の不安定化は家庭、家計の安定的維持を著しく困難にして、深刻な少子化の原因となつてゐる。家庭の崩壞は國家社會の將來を擔ふ次世代の育成を阻み、國力の根本的低下を招來し、更にその先に暗澹と豫想されることは國家そのものの崩壞である。

これに對する「改善策」として、移民大量受け容れなどといふ亡國政策が「保守」政黨と見做されてゐる政權與黨に所屬する國會議員の多數から提唱されてをり、これに反對する議員はごく少數であると聞く。宗教、言語、習俗を異にする大量の移民は自分達のそれらを日本に持込み、決して改めず、それらを日本國内で保持することを正當な「權利」（そのやうなものを彼等は決して自國では所持し得ないが）の行使であり、それらを改めて日本のそれらに馴致せよとの様々な動きを「差別」だと反撥して「國家内國家」を形成するに到るであらう（既に日本各地に支那人が蝟集してそれに近い地域が少なからず發生してゐると聞く）が、これを我が國が執り得る先進國的手法では阻止し得ないであらう。かかる致命的な災厄を齎す移民受け容れ政策も「グローバル化」の施策の一つとして反論否定することが難しい「正義」であるとの「空氣」が釀成されてゐると感じられる。

民族、宗教問題に合理的な解決方法は無い。さうであるがゆゑに歴史上悲慘な民族、宗教戰爭が起り、多大な犧牲、損害を齎すことが明らかであるにも拘らず、現在も依然として發生し續けてゐるのである。かかる宗教戰爭をとにかくも終熄させる制度として案出されたのが、十七世紀の半ばにウェストファリア條約として成立し、以來現在に到るまで存續してゐる獨立主權國家竝存體制といふ國際秩序なのである。そして我が國の國體とその國際秩序とは何とか共存することが可能なのである。大日本帝國憲法は十九世紀末に西洋列強が強制するかかる國際秩序との共存を目的として、國體を憲法として記述したものに他ならない。その國體の記述としての大日本帝國憲法を、我が國は大東亞戰爭敗北後占領軍によつて強制された現行僞憲法を中核とする戰後體制によつて破壞されてしまつたが、今では我が國民は現行僞憲法に條文として明記されてゐる、その邪惡な企圖さへ全く理解出來ない狀態に轉落してゐる。

グローバリゼーションの動きが、戰後體制を強制した勢力と同じであるか否かが決定的に重要である。戦後體制が我が國の國體を破壞しようと企圖してゐることは、現行僞憲法の第一章第一條に明白に書かれてゐる。

〔天皇の地位と國民主權〕
第一条　天皇は、日本国の象徴であり日本国民統合の象徴であつて、この地位は、主権の存する日本国民の総意に基く。

この條文が我が國の國體を端的に否定破壞するものであることは、既に本論稿で嚴格に論證されてゐるが、此處で再度簡潔に繰り返す。

天皇は我が國の「象徴」などでは全くない。抑もそのやうに「規定する」ことが原理的に（「存在論的に」、と言つても同じであるが）不可能な存在なのである。天皇存在は萬世一系にして天壤無窮の存在としてあらゆる存在の始源であり根據であるといふ意味に於てあらゆる事物よりも「先なるもの」なのであり、如何なる者もこれを「規定する（＝定義する）」ことは出來ない。然るに現行僞憲法はこの存在論的必然に逆らつて、天皇を「象徴」と規定してゐる。我が國に於てこれは端的に不可能な事態であり、敢へてこれを強制することは我が國の國體を、即ち我が國の存在を端的に否定破壞することであり、この一事を以て現行僞憲法が直ちに我が國の憲法として妥當し得ず無效であることが證明されるのである。

同時にこの僞憲法の作成者とその邪惡な意圖がこの條文によつて明らかになる。我が國に於て、天皇を「規定し」、天皇より「先なる（＝上位に）ある」者は存在し得ないことから、この僞憲法は日本國民によつて作成されたものではないこと、即ち日本國民以外の、日本國體を破壞しようと企圖した者が作成したことが直ちに證明される。

後半部分「この地位は、主權の存する日本国民の総意に基く」も端的な論理的誤りであり、在り得ない虛僞である。何故ならば、日本は、即ち日本國も日本國民も天皇存在に依つて定義されることによつて初めて存在し得るのであり、自らの存在根據の存在を任意に決められる者など存在し得ないことは餘りにも自明であるからである。そんなことが不可能であることは、親から產まれ出た人間が產まれ出た後に、親を自由に造り變へることによつて自らの望みの儘に自己を造り變へることが不可能であることと同斷である。

以上、說明して了へば餘りにも單純明快な「明るい祕密」に過ぎないが、この唾棄すべき作成者の邪惡な意圖を條文に明確に刻んだ僞憲法を、まさにその單純明白な事實のゆゑに即座に廢棄無效とせよ！と叫ぶ忠君愛國の徒が皆無なのは何ゆゑなのか。

天皇の存在を「日本國民の總意」によつて決定することが可能になれば、國民をWGIP等の僞情報によつて洗腦して天皇及びこれを中心とする國體に對する反感を高めることに成功すれば、國民自身の手によつて日本を否定破壞させることが可能となる。占領政策は現實にその方向で實施された。我が國の現状はその完成段階に近づきつつあるのではないか。

以上の論證によつて、現行僞憲法を我が國に強制した者らの日本滅亡といふ腹黒い意圖が現行僞憲法冒頭の第一章第一條の條文分析のみによつて見紛ひやうも無く剔抉されるのである（圖版『現行僞憲法による國體破壞』參照）。

現行僞憲法を我が國に強制した勢力（表向きは米國であるが、彼の國は固有の起源と歴史とを有つ民族・國民國家ではなく、僅か二百數十年前に造られた人工國家に過ぎない。單一の獨立主權國家アメリカ合衆國といふ看板の後に隱れて、暗躍する樣々な勢力の動きと正體とを正確に把握せねば、この人工國家への對應を誤ることになる。大東亞戰爭にもそのやうな蹉跌があつたのではないか）と現在「グローバル化」を推進してゐる勢力とが同一であれば、「グローバル化」の意圖は明らかである。かの者らは何ゆゑ斯くも我が國體を憎惡するのか（圖版『日本國體とグローバリゼーション』參照）。

その理由とは、我が國體が人爲を超えて神勅に依つて正しく存在の始源に繫がり、その裡に普遍性（さう表現するのが適切であるとすれば、眞正のグローバリズム）を既に人爲に依らずして有つてゐるからである。その原理（八紘一宇）を自然に擴げれば、世界は何ら強制を伴はずに、各民族の固有の制度、文化を尊重して世界を存在せしめることが可能であるからである。しかし、我が國は武力や金融システムを以てこれを世界に強制したりはしない。大東亞戰爭中にこれが高唱されたのは歐米列強から植民地を解放する爲の高邁な理念が求められたからである。それは、「グローバル化」を推進する者らの、各民族が固有の宗教、文化に基づいて樹立した個別獨立主權國家を滅ぼす（國家を護る國境としての諸制度を撤廢するとはさういふことである）ことによつてのみ達成される世界統一としての「グローバル化」とは根本的に相容れぬ、悠遠の神代より天壤無窮に存在する眞理である。かかる眞理を本質的に包藏してゐるがゆゑに、我が國が我が國體を顯現する本來の國制を有つだけでかの者らの憎惡を掻き立てるのではないか。大東亞戰爭に到る道程の根柢に存する根源的な不可解さ、我が國への「故無き」憎惡の源はこれではないのか。「グローバル化」の正體がかかるものであるならば、我が國は我が國たらんと欲する（これは先なるものが本質的に在り得ない始源的國家意思である）限り、これを受け容れてはならない。

日本國體

萬世一系の天皇存在

（原初的全實在（一者）からの存在發出）

原初的全實在

（生成以前）

無規定的、無制約的

「全」＝「一」

神　話

（世界生成の物語）

世界生成は原理的に合理性を超出

世界生成は神話の物語によつてのみ眞正に啓示される

神敕

神武天皇（初代）

（萬世一系）

今上天皇陛下（125代）

皇太子殿下（126代）

（天壤無窮の皇統）

萬世「一」系

皇統譜によつて實證される

父系を遡及すると例外無く必ず初代神武天皇に辿り着く

この繼承の方法の具體的記述が**皇室典範**。これは**神敕**による肇國以來、不變であり、**人爲による案出ではない**。ゆゑにこれを**人爲によつて改變する**ことは**瀆神行爲**であり、**國體破壞**に他ならない。

田中 卓郎
平成27年6月10日（水）初版

日本の定義

「日本」國號成立

この名指しの必然性によつてのみ「日本」は定義され、
日本國體＝萬世一系の天皇存在が必然的に確立。

※ 万世一系・天壤無窮の天皇存在より先なるものは存在し得ない。
⇨天皇を規定することは不可能 ⇨現行僞憲法が僞憲法であることの決定的證據。

※ 大日本帝國憲法は天皇を規定してゐない。
天壤無窮（常に「既に在るもの」として存在する）の國體を記述するのみ（國體＝憲法）。

※ 國家の三要素（領土、國民、主權）から出來上がるのは「ある一つの主權國家」に過ぎない。
これが日本國家となるのは、萬世一系の天皇存在を國體とする國家のみ。

田中 卓郎
平成28年10月6日（木）初版

國體と政體

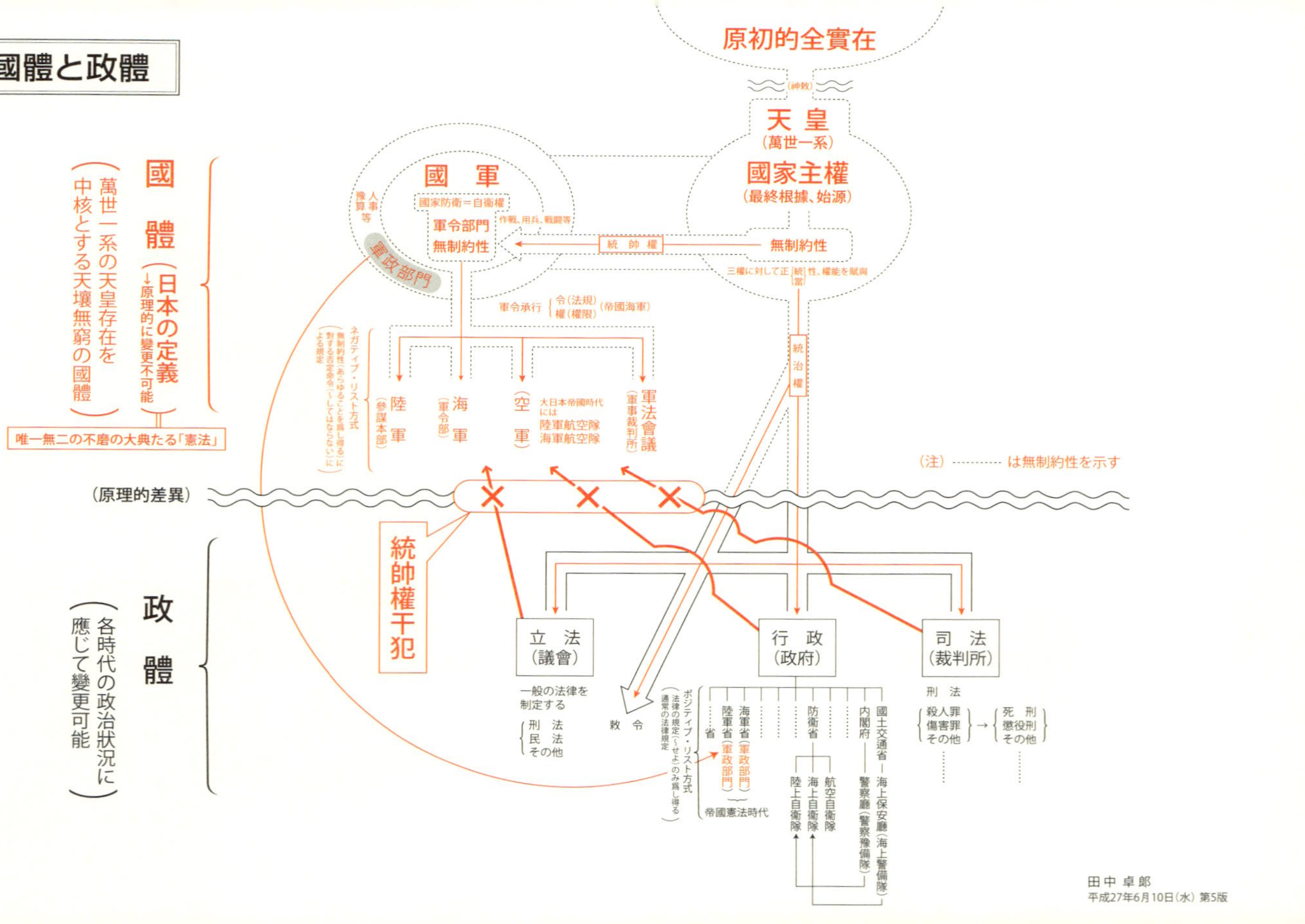

田中 卓郎
平成27年6月10日（水）第5版

戰後體制の本質

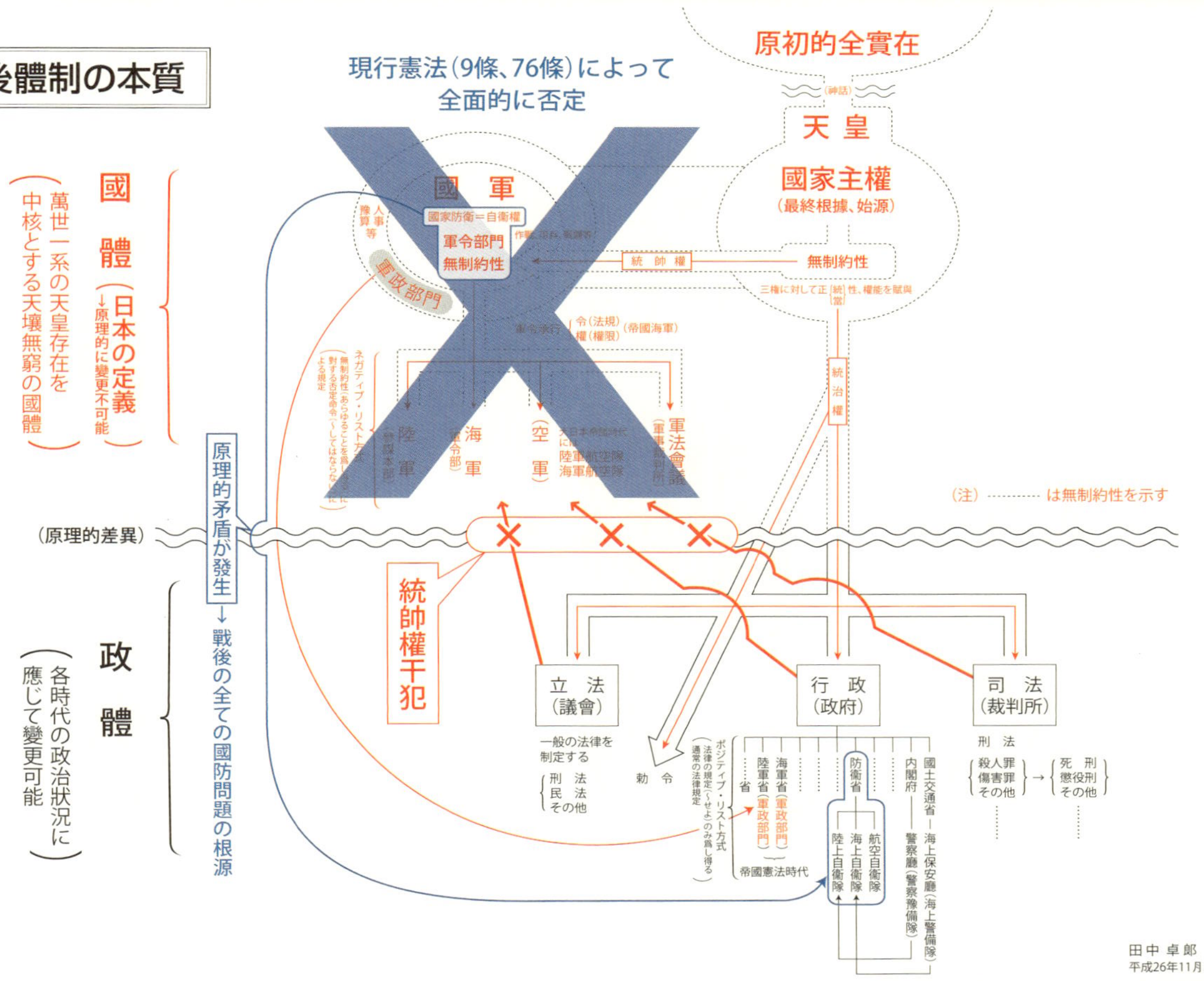

田中 卓郎
平成26年11月26日（水）第2版

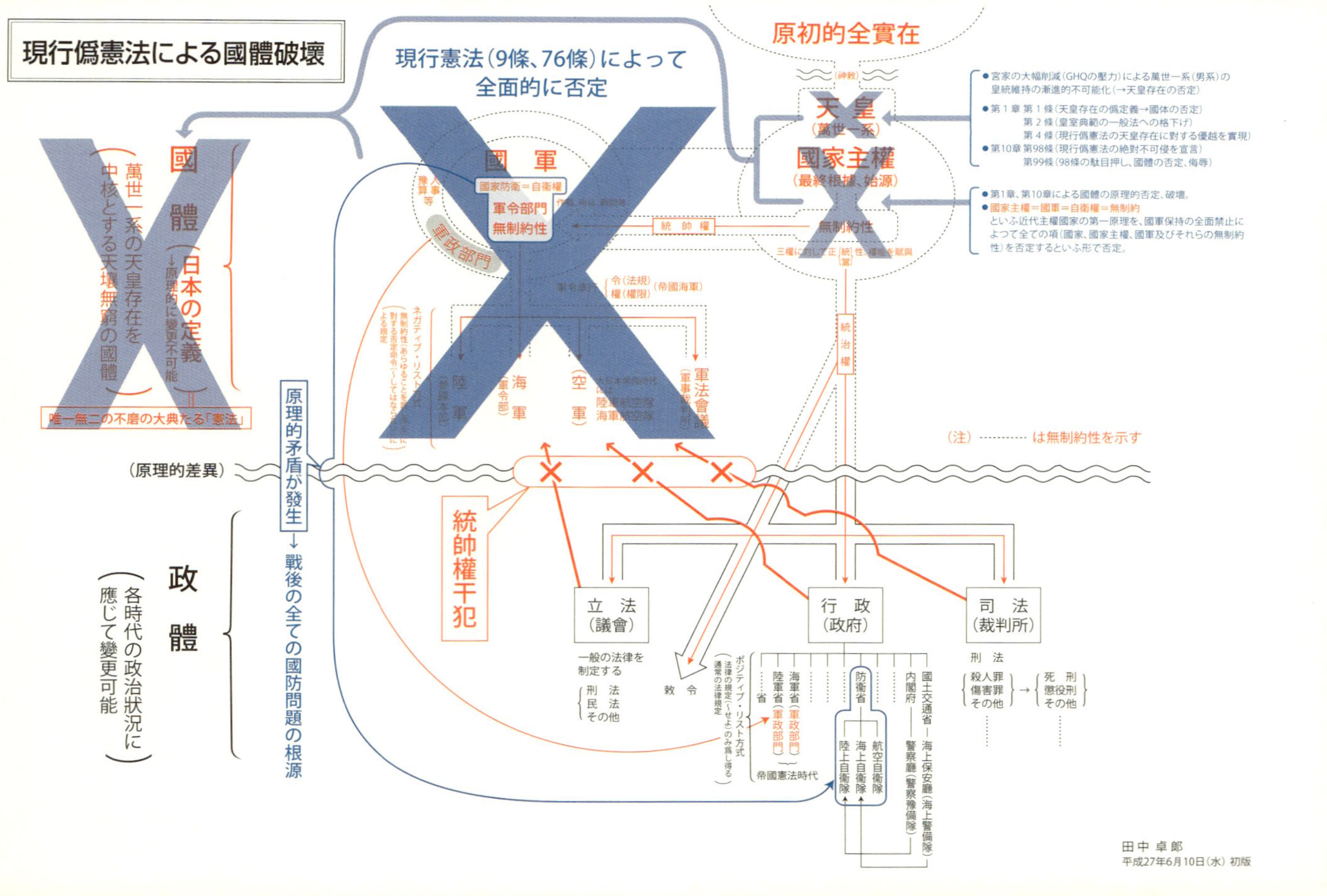
現行僞憲法による國體破壊
現行憲法（9條、76條）によって
全面的に否定
原初的全實在
（神敕）
天皇
（萬世一系）
國家主權
（最終根據、始源）
無制約性
三權に對して正（統）性、權能を賦與
宮家の大幅削減（GHQの壓力）による萬世一系（男系）の皇統維持の漸進的不可能化（→天皇存在の否定）
第１章 第１條（天皇存在の僞定義→國体の否定）
第２條（皇室典範の一般法への格下げ）
第４條（現行僞憲法の天皇存在に對する優越を實現）
第10章 第98條（現行僞憲法の絶對不可侵を宣言）
第99條（98條の駄目押し、國體の否定、侮辱）
第1章、第10章による國體の原理的否定、破壊。
國家主權＝國軍＝自衛權＝無制約
といふ近代主權國家の第一原理を、國軍保持の全面禁止によつて全ての項（國家、國家主權、國軍及びそれらの無制約性）を否定するといふ形で否定。
國體
萬世一系の天皇存在を中核とする天壌無窮の國體
日本の定義
↓原理的に變更不可能
唯一無二の不磨の大典たる「憲法」
國軍
國家防衛＝自衛權
軍令部門
無制約性
人事
豫算
等
軍政部門
統帥權
令（法規）
權（權限）
（帝國海軍）
ネガティブ・リスト方式
陸軍
（參謀本部）
海軍
（軍令部）
（空軍）
軍法會議
（軍事裁判所）
（注）………は無制約性を示す
（原理的差異）
原理的矛盾が發生
↓戰後の全ての國防問題の根源
統帥權干犯
統治權
政體
各時代の政治状況に應じて變更可能
立法
（議會）
一般の法律を制定する
刑法
民法
その他
敕令
行政
（政府）
ポジティブ・リスト方式
法律の規定（〜せよ）のみ爲し得る通常の法律規定
省
陸軍省（軍政部門）
海軍省（軍政部門）
帝國憲法時代
防衛省
陸上自衛隊
海上自衛隊
航空自衛隊
内閣府
警察廳（警察豫備隊）
國土交通省
海上保安廳（海上警備隊）
司法
（裁判所）
刑法
殺人罪
傷害罪
その他
→
死刑
懲役刑
その他
田中卓郎
平成27年6月10日（水）初版

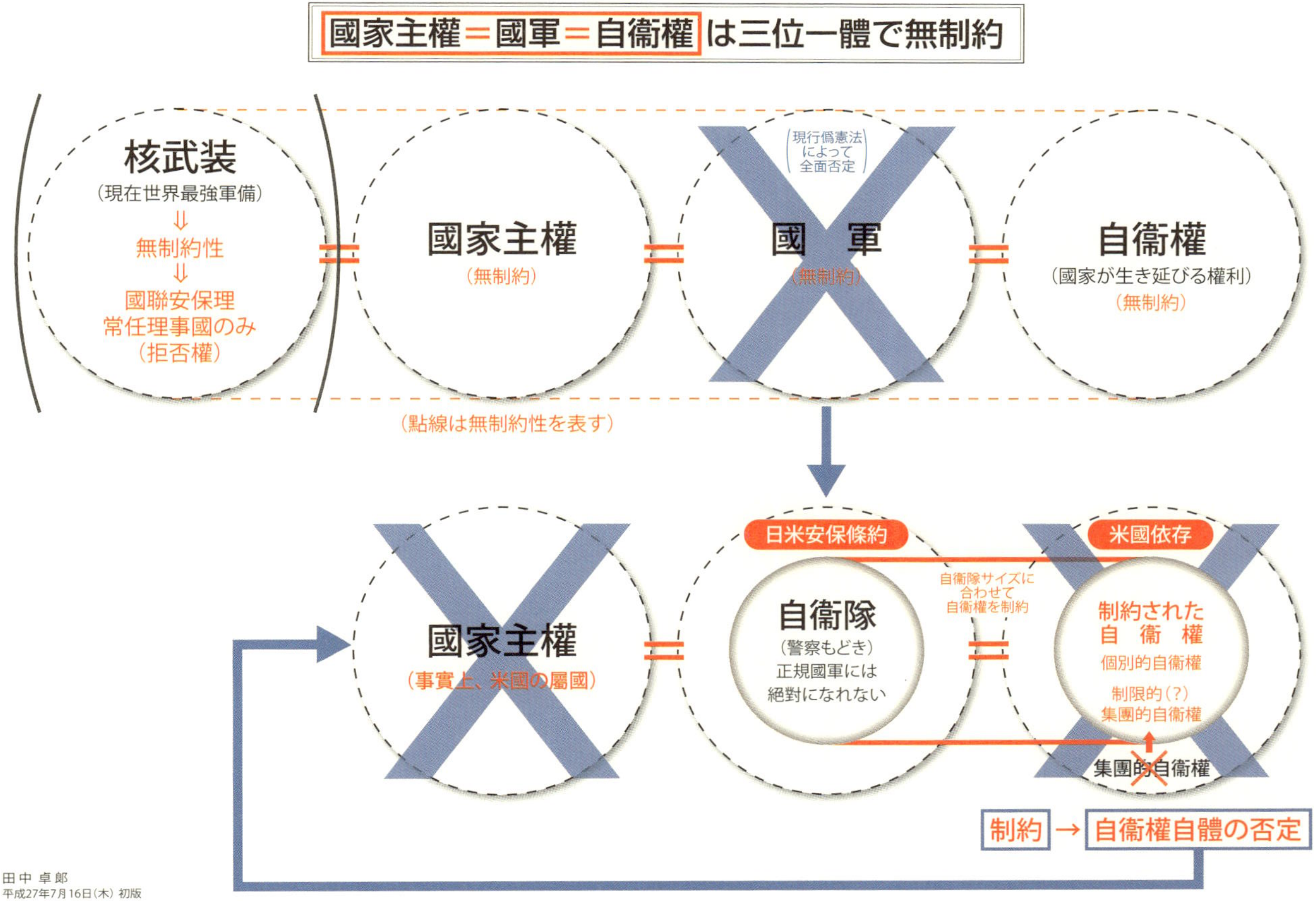

田中 卓郎
平成27年7月16日（木）初版

「専守防衛」の「あまり明るくない」秘密

田中 卓郎
平成27年7月16日（木）初版

國「民」主權の詐術（主權は國家にしか歸屬しない）

- 主權（sovereignty 至高なるもの）……… 元來「我が神」（眞の無制約者）を個別國家内に閉ぢ込める爲に國際條約（ウェストファリア條約以來の諸條約）によつて**措定された假構無制約者**。
- 主權は國家にしか歸屬しない ………… **そのやうに措定された**がゆゑに。
- 無制約者としての國家主權の嚴存 ⇔ 國家によつて爲される全ての行爲は**卽自的に正當化**され（例：自衞戰爭、裁判による死刑の執行等）、**現實はそのやうに運營されてゐる。この現實こそが主權の無制約性を現實存在たらしめてゐる。例外は主權國家間の合意としての條約等の國際法**。**無制約者の自己規制**と位置づけられる。
- 社會契約說 ……………………………… 無制約者としての國家主權の現實存在の由來を說明する爲の**後智慧の假說**。**原初的無制約者**としての**アトム的個人も全く實在しない想像の產物**。
- 現實に存在する國家主權の無制約性 ➡（移行）➡ **社會契約說**に於いて假構されてゐる**アトム的個人**（實在しない）…**全く不可能！！**

◎この移行が可能であるかの如く粉飾することが國「民」主權の詐術の核心！！

※　もし**國家から切り離されたアトム的個人としての國「民」が無制約的權能としての主權を有つ主權者**であるとするならば、そのやうな個人が、**個人として、「刑罰」と稱して人を殺すことも、「稅金の徵集」と稱して他人から金品を奪ふことも合法的行爲**であるといふことになる。裁判官が判決を下せるのも、稅務署の役人が稅金を徵集出來るのも、**何某個人としてではなく、主權國家日本の裁判官、稅務官としてのみ可能**なのであり、即ち**裁判の判決も稅金の徵集も國家主權の行使としてのみ正當化、合法化され得る**ことは言ふまでもない。**選擧權、被選擧權の行使も全く同樣。國家は國民の先言措定**（ὑποκείμενον）なのである。

※戰後體制に於ける「**立憲**」主義……上述の「**國「民」主權**」といふ虛妄を喧傳する「**僞憲法を立て**」て**國體を破壞する**邪惡なイデオロギー。
戰後體制翼贊者が「立憲」主義とは何か、を全く說明出來ずに喚き散らす他は無いのも當然である。

田中 卓郎
平成28年10月17日（月）初版

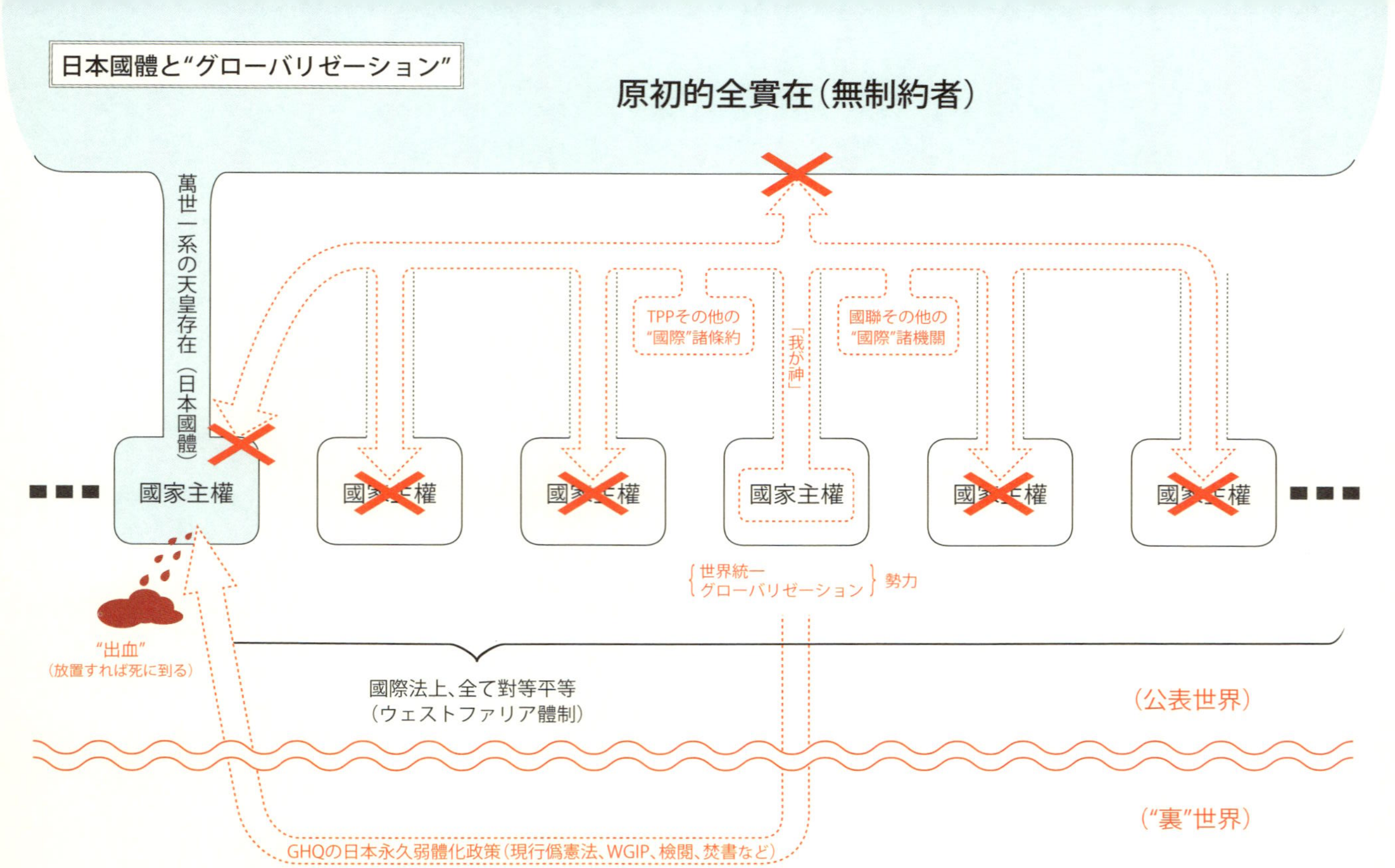

田中 卓郎
平成28年3月16日（水）初版

跋

亡父田中慧は大正九年八月廿一日生まれであつた。典型的な戰中世代であり、同世代の男たちの殆どは大東亞戰爭の激戰地に赴き、その多くが散華した。田中家でも伯父博夫と叔父忍の二人が戰死してゐる。亡父は大學文科系の徵兵猶豫が無くなつた昭和十八年に海軍兵科第三期豫備學生を志願して海軍に入り、敗戰後昭和廿年十二月に充員召集解除となるまで帝國海軍に在籍した。赴任地は内南洋パラオ諸島のコロール島であり、軍令承行權第一列の兵科將校の海軍大尉として海軍陸戰隊を指揮して米軍と激鬪した。（拙論第三章「國軍とは何か」の中の「帝國海軍に於ける軍令承行權 ― 無制約な國家主權の發動としての軍事力行使の嚴格な法的位置づけ―」は亡父が語つてゐたことで私が理解出來た限りのことを整理して述べた見解である。）隣接するペリリュー島は玉碎の島として有名である。パラオでの戰鬪に關して公刊戰史には記されてゐないことも父から聞いてゐるが、此處では言及しない。

復員後は山梨縣春日居村（現春日居町）の田中家に歸るも、戰前の我が國を支へた製絲業で財を成した祖父が死んだ後、家督相續した長兄である伯父との深刻な確執もあつて實家を離れて昭和廿五年警察豫備隊發足と同時に入隊、以後海上自衞隊創設後の度々の轉官の誘ひを斷つて昭和四十五年まで陸上自衛隊に奉職した。

私は昭和卅三年八月十八日に亡父の次男として生まれた。當時父は東京勤務であつたが、私には幼年期の東京の記憶は全く無い。父は昭和卅五年六月の安保騷動の直後の八月に青森縣の第九師團（當時は未だ混成團）に轉勤となつた。私の人生の記憶が始まるのは青森縣八戸市の幹部自衛官用官舎からである。其處は代々木にあつたワシントンハイツの如き米軍用住宅を引き繼いだ官舎であり、それは山形縣東根市神町に在つた第六師團（父は第九師團勤務後第六師團勤務となつた）幹部官舎も同樣であつたが、八戸官舎の方が敷地面積も遙かに廣く、建物も米軍使用時の狀態が良く保たれてゐたと記憶する。風呂もボイラー焚きで浴槽も仰臥して入る西洋式であり、トイレも勿論洋式水洗トイレであつた。庭には芝生が一面に植ゑられ、幼稚園兒や小學生がキャッチボールやソフトボールをして遊ぶには十分な廣さがあつた。米大統領選擧のニュースなどで米國の郊外住宅地などがテレビ等で映し出されると抗し難い懷かしさを生理的に覺えてしまふのは、それが我が人生の原風景であるといふことゆゑであらう。

當時八戸基地には陸、海、空、三自衛隊部隊が駐屯してゐた。當然駐屯地には日章旗も軍艦旗も掲揚されてゐたが、目にする兵器はF86戰鬪機やP2V對潛哨戒機やM24戰車（M24戰車を見たのは山形であつたかも知れない）など、米軍のお古ばかりであり、當り前のことだが、零式戰闘機や戰艦大和ではなかつた。帝國海軍を象徴するそれらの兵器はプラモデルでのみ存在するに過ぎなかつたが、それでも幼兒の私には自衞隊は日本の軍隊であり、父は軍人なのであつて、さうと理解するより他は無かつた。しかし、亡父の口から自分は軍人であるといふやうな言葉を聞いた記憶は無く、自衞隊に關して肯定的な言辭が語られることも全く無く、「このやうなものは實際には何の役にも立たない。こんなものは軍隊ではない」といふ主旨の言葉ばかりであつた。

顧みて亡父は極めて解り易い、單純な人間であり、又日本人としては明確な自我を有つてゐた人間であつたと思ふ。父の世界觀は極めて單純明快なもので、神々の末裔である萬世一系の天皇を戴く日本といふ國家は世界に比類無く由緒正しい尊貴な國家であり、その日本國家の精華は武士であり、新羅三郎義光の末裔である田中家は偉い、といふことに要約出來るかと思ふ。愚かと言ふべきかも知れない。亡父は話を聞かされる子供側の氣持ちなど一切忖度する樣子も無く一方的に繰り返し日本の歴史を、そして田中家の歴史を幼兒の私に倦まず語つた。父は明治維新で瓦解した田中家を製絲業で再興し、實業家として財を成した祖父安之をとりわけ畏敬してゐた。父の話はいつも同じで、祖父の話から始まり、次に父の幼少年期に父を可愛がつた田中本家の幕末期最後の當主勘右衞門の話になり、最後は自身や陸軍將校であつた伯父たち（亡父の直ぐ上の兄である陸軍大尉の徹雄伯父は、敗戰後支那から歸國途中の愛新覺羅浩氏と令嬢を上海で國民黨の追跡から救出した。この事實は愛新覺羅浩氏の自傳『流轉の王妃の昭和史』（新潮文庫）に明記されてゐる。又その上の正之伯父は支那事變以來途中の歸國を挾みつゝ、長く支那に出征してをり、終戰後陸軍大尉で復員後は長く郷里の春日居村の村長、町制施行後は町長を務めた）の戰時中の話で締め括るといふパターンであつた。幼い私には聞く他は無い、如何とも爲し難い話ではあつたが、それなりに面白くも感じられ、父の物語りに惹き込まれる感覺もあつたと思ふ。現在もなほ幕末期の田舍郷士の暮しや維新前後の動亂期の歴史に書物から得たのではない、生理的とも言ふべき親近感を覺えてしまふのはそのゆゑと思はれる。歴史理解にはさういふ身近な端緒が不可缺であり、其處を出發點として、それから書籍から學ぶ知識としての歴史に到るといふプロセスを經ないと切實なものにはならないと私は思つてゐる。あらゆる個人はさういふ運命としての歴史を有つてゐるのであり、それを知る機縁は自分を産み育てた兩親であり、祖父母であり、更にその先の父祖たちといふ運命の連鎖である。その總體が共同體としての國家であらう。さういふ歴史の繼承の場は家であるが、それは戰後占領軍による民法改訂（正確には破壞と言はねばならないが）で廢棄され、我が國民は歴史から根切りされて、自分が何者であるかを根源的に知り、その基盤に根附いて生きることを不可能にされてしまつた。管見の限り、もはや現在の我が國民には、根切りされたといふ意識すら皆無である。日本永久弱體化といふ占領政策の本質を知り、これに反對した、決して數多くはない生き殘つた戰中派世代の人々はもはや殆ど死に絶えた。その人たちとて戰後體制の中でどれほど心中に蟠る想ひに確信が有てたであらうか。その想ひを積極的には語らなかつたのは我が國民通有の自我の弱さのゆゑとばかりは言へまい。その想ひが何であるかを概念化して明確に認識することが出來なかつたから語り得なかつたといふことが實情であらう。勿論亡父にもそのやうな概念的認識があつたとは思はれず、ただ單純な反撥心が強かつただけ（しかし、恐らくその單純な愚直さが戰後の亡父の戰後體制への屈從を許さなかつたのだと私は思ふ）、といふのが眞相であらうが、亡父の物語りが如何なるものに由來するにせよ、それがこの拙著として形を成した私の長き思索の端緒であつたことは確かである。

根本的なことは原初的で單純であり、それ以外のことによつて説明されることが出來ない。かやうな根本事象に關する虚僞を敗戰直後の茫然自失状態に於て占領軍によつてガツンと威壓的に聲高に言はれると腦裡に深く刷り込まれてしまひ、これを對象化して意識し、批判的に吟味することが出來なくなるのであらう。現行僞憲法諸條文に明確に刻まれた虚僞は、かやうな洗腦による虚僞認識を永久化するプロパガンダであることは言ふまでもない。現行僞憲法第一章第一條「天皇は、日本国の象徴であり日本国民統合の象徴であつて、この地位は主権の存する日本国民の総意に基づく」。この國體否定の全き虚僞！かかる全き虚僞の虚僞たる所以を現在の我が國民ほゞ全ては理解出來ないのである。「天皇は日本國の象徴であり日本國民統合の象徴である」と日本國民の内の一體誰が規定し得るのか。「主權の存する日本國民」とは何者なのか。そんな者は何處に存在するのか。全て虚僞である。かかる條文は我が祖國日本を滅ぼさんとする勢力（この勢力の正體を明らかにすることが今後の歴史學の最大の課題であらう。これが明らかになれば大東亞戰爭の原因も明らかにされよう）の悪意の明確な表明に他ならない。天皇存在は日本國家の定義であり、天皇存在に規定されることによつて初めて日本といふ國家は存在し得る。このことは既に歴史的事實として確定されてをり、日本國家成立以後の如何なる者もこれを變更することは不可能である。これは個人の思想信條の問題では全くない。天皇が存在しなくとも日本は存在し得るといふ主張は端的な誤謬であり、このことに關して全く議論の餘地は無い。天皇が存在しなくとも存在し得る國家とは、土壌としての日本列島、その上に暮す動物としての人間、何らかの統治組織によつて運用される政府から構成される「ある一つの國家」であるに過ぎない。それは斷じて日本ではない。「天皇は～である」などと天皇を規定することはそもそも日本國家に於ては如何なる者にも不可能なのである。このことは、生まれ出た後、親を自由に變へることによつて自分は違ふ個人に生まれ變はることが不可能であるといふこととまさに同斷である。天皇の存否を議論して決めようなどといふ主張を爲す輩は愚者か日本破壞を企圖する確信犯のいづれかでしかあり得ない。萬世一系の天皇が存在することによつてのみ日本といふ國家は存在し得るのである。既述の如く天皇が存在しなくとも存在し得る國家とは「日本以外の何らかのある國家」であるに過ぎない。かかる議論に與する者は日本否定論者であり、日本國民たる資格の無い者であり、日本國民であつてはならないのである。更に「主權の存する日本國民」といふ記述も虛僞である。日本國家が先に存在し、その日本といふ國家の國民として初めて日本國民は存在し得るのである。日本國民が日本國家より先に存在し、その日本國家の定義である天皇の地位を決定するなどといふことは原理的にあり得ないことである。抑も主權とは原理的に國家にしか歸屬し得ないのであつて、日本國民としての諸權利も原理的に全て日本國家の主權に由來するものである。「國家主權に由來しない無制約的主權を有つ個人としての國民」などといふモンスターは何處にも存在し得ないのであるが、さういふ「國民」が存在するとの虛僞の措定を爲し、これを「究極の根據」として天皇を規定して「國民」（勿論かかる日本國民は存在しないので、現行僞憲法を我が國に強制した勢力（既述の如くこの勢力が何者であるかを明らかにすることが今後の實證史學の最大の課題である）といふことになるが）の足下に從屬せしめ、その生殺與奪の權さへ有つ「萬能權力」（主權とはさういふ權力なのである）を「國民」に與へる（「この（＝天皇の）地位は、主権の存する日本国民の総意に基づく」とはまさにさういふ意味である）といふ、まさに傲慢不遜にして悍ましさ極まる虚僞を現行僞憲法は冒頭第一章第一條で臆面も無く宣言してゐる。一旦この虚僞を受け容れ（させ）て了へば、後は「主權者」である「國民」を煽動して、「天皇制」廢止へと誘導すれば（例へば、「天皇始め皇族の方々は個人の人權や自由も無視されて生まれ附き皇族といふ「身分」に縛られてお氣の毒だ。天皇制などといふ過去の忌はしい遺物から皇族の方々を解放して自由にして差し上げることが先進國としての責務だ」などといふ類の俗耳に入り易い感傷的「民主化」論に容易に騙されて、「國民の總意」は嬉々として「天皇制」廢止へと傾くであらう）、日本といふ國家は「國民」自らが滅ぼすといふ形で滅びるといふことにならう。これが第一章第一條から容易に看取される惡意である。かかる事態を招來する惡意が刻まれた僞憲法を一體どのやうに部分改訂して繼續使用すると謂ふのか。

かやうに現行僞憲法で述べられてゐる虚僞は全て「王樣は裸である」の類の單純自明な「明るい祕密」ばかりである。私は長い間、「王樣は裸である」ことを一定數の國民は祕かにではあれ（それは恐らく亡父がさうであつたやうに「單純な反撥心」としてであれ）、解つてゐるのだとばかり思つてゐた。しかし今はさうは思はない。洗腦が解ければ誰でも解る單純自明な眞實であり、理解することに何ら難しいことはない事柄でも、身の囘り全てが戰後思潮に染め上げられてゐれば、その虛僞に氣附くことさへ不可能にされてしまふのであらう。その意味で亡父のワンパターンの單純至極な昔語りは、顧みれば幼少年期の私には不知不識戰後體制による洗腦への防波堤になつてゐたのかも知れない。勿論、話を聞かされた頃には反撥や疑念も當然有つた。しかし同時に學校の歷史教科書の記述が眞實ではないことも確かに感じてゐた。眞僞を確かに知る爲には哲學的思索力が必要であると思つたことが私の哲學勉強の根源的動機である。私は今でもその生々しい、切實な動機を常に想起することが出來、それによつて自らの哲學勉強の眞贋を確かめることが出來る。勿論、哲學勉強にはそれ自體が有つ純粹に思索的な魅力があり、それを切實に感じられることも哲學勉強の眞贋判別のメルクマールであることは確かである。今では歷史的大哲學者達の古典的哲學書を切實な興味關心と相應の樂しさとを感じつゝ、讀むことが出來、又古典的哲學書とは離れた哲學的問題にも同樣な興味關心と樂しさとを覺える。そのやうな興味關心や樂しさの自覺は、出發の動機とは區別される哲學勉強への確かな慾求が在る證據であると確かに言へ、こちらの慾求こそが自分の哲學勉強が本物であることの證しであると言ふべきかも知れないが、出發點に於てはそのやうな慾求は無かつた。あの頂きに登攀出來れば、切實な問題意識に相應の解答を與へられるのではないか、といふ根據無き希望が我が哲學勉強の動機であつた。

勿論、現在の私が自分の希望するやうな哲學的思索力を獲得し得て、幼年期以來の根本的疑問に正しく解答し得てゐるか否かは判らない。愚見は拙劣嗤ふべきものであるかも知れない。しかし、やつと此處まで來て、成程さうなのか、かういふことなのか、といふ納得の氣持ちが心中に生じてゐることは事實である。そしてその納得の氣持ちは、あれこれ史料を調べ、穿鑿した結果として得られた新史實の發見といふやうなものではなく、誰にも知られてをり、何時でも容易に確認出來る「明るい祕密」のみを素材としてこれらを吟味、考察して得られた認識に由來するものであるので、やはり相應の思索力の成果であるのではないかとは感じてゐる。

「自衞隊は軍隊ではない」といふ命題の根本的解明は深く長い根を有つ問題である。自衞隊は戰後體制の歪みから生じた特殊な組織であり、その特質を解明する爲には本來の國軍とは何かを明らかにして、其處から自衞隊の本質的問題點を解明するといふアプローチを採つた。先づ、正規國軍には可能であるが、自衞隊には禁止されてゐる軍事行動の性質を考察することから考へ始めた。具體的には、自衛隊は何故正當防衛、緊急避難のみを根據としてしか武力行使が出來ないのか、更に、法律に明文規定がある事態に對してしか對處出來ないのか、といふ問題を考へてみた。周知の如く、この問題は昭和五十三年に栗栖弘臣統幕議長が後に所謂「超法規發言」と呼ばれ、金丸信防衛廳長官によつて解任される原因となつた發言に於て指摘した自衛隊に關する本質的問題の一つである。個別の行動に關してその都度根據法が必要となり、且つそれが作成可能であるといふことは、その根據法の更に根據となるより一層上位の法的權能を有つ最終根據が在るといふことを意味する。その最終根據は最終根據であるがゆゑに制約を受けることが原理的にあり得ない存在であり、そのやうな最終根據に直結するがゆゑに正規國軍は急迫不正の奇襲に對して即時に合法的に反撃撃退することが出來るのだ、といふことに想ひ到つた。そしてこの法律上の最終根據として措定されてゐるものが國家主權であり、これを現實に於て擔保する軍事力が正規國軍であるといふことが理解されたのである。かう考へれば國家主權の定義から國軍の本質が明確に理解され、同時に「自衛隊が軍隊ではない」ことも明瞭に理解されることに氣附いたのである。かかる主權及び國軍理解から關聯する諸問題、ポジティヴ・リスト方式からネガティヴ・リスト方式への變更問題、專守防衛方針を採らざるを得ない國內事情といふ問題などの本質も明瞭に理解された。有事法制整備で相當程度はかかる缺陷を補ふことは出來ようが、あらゆる事態を網羅的に豫め豫測して法律的な根據を用意することは原理的には不可能なので、奇襲攻擊には「超法規」的に反擊せざるを得ないといふ栗栖陸將の發言の最終的意圖は、自衞隊の正規國軍化によつてしか指摘した諸問題は本質的には解決されないのだ、といふことではないかと私は確信してゐる。そのことを栗栖先生に直接伺ひたいと常々思つてゐたが、その機會を逸してしまつたことは痛恨の極みである。拙稿での栗栖陸將の「超法規」發言の眞意についての考察は飽く迄私個人の愚見であることを此處で改めて明確に申し述べておく。

正規國軍が國家主權と同等である、即ち法制上の原初的法源と同等の權能を有つことから國軍による敵兵の殺傷の違法性の阻却といふ重大問題も、正當防衞、緊急避難といふ個人次元の違法性阻却理由の拘束から解放されることが容易に理解されよう。

併せて自衞權といふ、凡そ人間は生き延びる爲には何をしても宜しいといふ根源的權利について考へねばならない。この根源的「權利」は、「權利」といふ法律上の權能以前の、凡そ人間といふ動物が生き延びるとは如何なることかといふ原初的次元から考へる他は無き、文字通り生物としての死活問題に直結するものである。それは全ての法狀態が其處から出發し、其處を根源的基盤とせざるを得ない根源的概念である。

個人に於ても國家に於ても凡そ自衛權が他人や他國によつて制限されるといふことは、自衛權を制限されることが「正當」であると認められる場合が存在し、そのやうな場合は「他人や他國から死ねと言はれたら、死にます」といふことを容認するといふことを意味する。凡そ全ての人間が等しく生き延びることを肯定することが普遍的正義に叶ふことであると肯定する限り、自衛權を制約されることを容認する如何なる法理論も成立し得ないであらう。現代の國際法が自衛戰爭を肯定容認する他は無いこともかかる根源的、原初的理由に基づくと考へられる。即ち自衛權は原理的に無制約なのである。この無制約性を現代に於て現實に擔保する無制約的武力が現在最強の核兵器である限り、核兵器廢絶は不可能であると言はざるを得ない。この意味に於て現在の北朝鮮の核武裝への狂奔には原理的な正當性があり、相應の理由もあると言はねばならない。現在の核不擴散體制といふ國際秩序は、國聯常任理事國には核武裝の權利を認め、その他の諸國には認めないといふ道徳的破廉恥を前提としてゐるといふ意味に於て本質的に破綻してゐる體制である。勿論、現實に世界秩序を維持する爲には國家主權の無制約性から導出される獨立主權國家の平等といふ原理遵守の主張だけでは十分ではないことは自明であり、理不盡な現實の壓倒的必要を充たし得て現實は辛うじて秩序ある現實であり得てゐることも亦當然ではある。道徳的原理論よりも現實の必要の切實さを優先してゐるとしか肯定的に解説出來ない現在の國際秩序に説得力を有たせられるか否かは、現在の合法的な核保有國である國聯常任理事諸國が現實の世界秩序を十分に信頼出來る程度のそれとして維持出來るか否かに掛かつてゐるが、その維持は極めて危く、既に事實上破綻してゐるとさへ言へる状況なのではないかと感じられる。その現實に對應してのことか、事實上核保有を默認されてゐる國は増加してゐる。その状況は、國家主權の無制約性とこれから必然的に導出される各主權國家の本質的平等及び自衛權の無制約性の自明さといふ根源的原理に對して、現在の國際秩序が論理的にも現實的にも破綻してゐて抵抗し得ないといふ現實を反映してゐるのではないか。

國家主權と國軍と自衛權の三者は、獨立主權國家の根源的構成要素であり、その本質は國家主權が法制上の最終根據として措定されたことから導出される無制約性である。この共通する無制約性のゆゑにこれら三者は三位一體であり、いづれか一つを制限されても眞正の獨立主權國家として存立することは不可能になる。ゆゑに國軍が無制約的に自國を自衛する爲に最強兵器を有つことを求めることは必然であるが、この意味で現實に無制約的な國家主權を有つてゐる主權國家は、核武裝が合法的に認められてゐる國聯常任理事諸國のみである。これら諸國の他に、強引に核武裝した後、現状追認的に核武装が默認されてゐる諸國も加へてよいかも知れない。現在その中に北朝鮮が入り込まうと必死になつてゐるといふ次第である。

我が國は現行僞憲法によつて正規國軍保持を全面禁止され、そのことによつて自衛權の保持も不可能となり、個別的自衛權のみ保持可能で集團的自衛權は保持出來ないなどといふ珍妙で意味不明な「制約された」自衛權を有つとの立場を表明してゐるが、既に述べた如く自衛權とは要するに生き延びる權利のことであり、まさにこの意味で本質的に無制約的でしかないものであり、「「制約された」自衛權を有つ」といふことは端的に「自衛權が無い」といふことと同斷なのである。こんな馬鹿げた立場に立たざるを得なくなつたのは言ふまでもなく現行僞憲法が國軍保持を全面禁止してゐることに由來する。これによつて軍隊ならざる自衛隊といふ珍妙な組織、行政府の長である内閣總理大臣に從屬する一行政機關であり、占領中にマッカーサーの命令で創設された警察豫備隊が大掛かりになつたものに過ぎない組織で現實に對應する他は無くなり、この中途半端な組織でも對應可能な假想現實（「限定的で小規模な侵略」）を設定して、これに適應出來る程度の謂はゞ「小さな」自衛權として「個別的」自衛權のみ妥當する「制約された」自衛權といふ彌縫策を案出して、これだけは自衛隊保持と相即して保持可能であるとしたのであらう。その結果當然本來の十全な自衛權の保持は不可能となり、現實的に國防に有效な自衛力の保持は常に米國、即ち米軍に依存せざるを得ないといふ事態に必然的に追ひ込まれることになるのである。現行僞憲法第九條の狙ひは、國軍保持の全面禁止→自衛權保持の不可能化→國家主權の事實上の否定（獨立主權國家としての存立否定）といふことである（圖版『國家主權＝國軍＝自衛權は三位一體で無制約』を參照）。

かやうに現行僞憲法九條の狙ひは我が國の獨立主權國家としての存立否定であるが、これと併せて、更に邪惡な企圖は、先に確認された如く第一章の天皇「規定」諸條に看取される日本の日本たる所以である日本國體の否定破壞である。

國軍保持禁止によつて我が國の獨立主權國家としての自立を不可能にし、併せて萬世一系の天皇存在を中核とする日本國體を破壞する、即ち日本といふ世界最長の歴史を有つ國家を滅ぼす邪惡な意圖が明確に刻まれてゐる條文を有つ現行僞憲法は、その他の如何なる史實及び法理論次元の擧証を待つこと無く、唯この一事を以て僞憲法であると斷ずるに十分である（圖版『現行僞憲法による國體破壞』參照）。

拙論は正字體及び正假名遣ひを用ゐて書かれてゐる。戰後の國語「改革」によつて現在の國民の壓倒的大多數は正統表記で書かれた國語の文章を讀めなくなつてゐることは十分に承知してゐる。書けないことは言ふまでもない。その結果現在の國民は正統表記の國語文を何か憚られるもの、封建遺制の、更には「軍國主義」の惡しき殘滓の如きものとして敬遠してゐるやうに見受けられる。正統表記からの隔離はそれへの無理解、更には嫌惡を招來し、それは自國の正統文化への無理解や嫌惡に繋がる。敗戰前後までに書かれた正統表記の書籍及び戰後も正當表記で書かれた作品は全て略字新假名表記へと改竄されることが當然の正當な「文化的」作業と見做され、改竄された文章が「原文」と見做されることに何の違和感も抱かない、と言ふよりも抱けなくなつてゐる。私は反對の「違和感」を禁じ得ない。私は文庫版の略字・新假名表記の小林秀雄作品は違和感が強過ぎて讀めない。とても小林秀雄の作品とは思へないからである。この違和感こそが自國の文化を破壞される際に感じる痛みであり、更には怒りであるのだらうが、反對に現在の我が國民は、自國の正統國語や文化から切り離され、これを理解出來なくされ、更に違和感や嫌惡感さへ感じるに到らしめられてゐる。凡そ言語は人間の世界認識の根本的制約であり、言語を破壞されることはその言語を使用する文化の根源的破壞に他ならないのであるが、現在の我が國の知識人は「保守系」と思はれてゐる人たちでさへ略字新假名を用ゐて何の躊躇ひも無いやうである。國語の正統表記や正書法の習得は義務教育期間にきちんと學べば何ら困難ではない。現に七十餘年前の小學生は正統表記で文章を綴つてゐたのである。現在の小學生が昔の小學生に較べて能力的に劣るとは全く思はれない。その差は專ら教育に起因するのである。そして自國語の十分な運用能力と讀解力とが外國語理解、とりわけ外國語で書かれた古典的價値のある書籍の正確な理解を可能にする。國語で理解出來る以上のことを如何なる外國語で理解出來ようか。かかる外國語讀解能力の獲得こそ外國語教育の目的であるべきであり、我が國の外國語教育は古來支那古典や幕末、明治期以降は西洋學術書の讀解の必要ゆゑに、長くさうであつたと概括出來ようが、現在はその長所も自覺出來ずに我が國當局者は母語話者崇拜に終る他無き有害無益な（實際にはその實用にさへ役立たぬ）「實用」語學といふ愚民教育に血道を上げてゐる。

拙稿が出版されるに到るまでに、樣々な方々の御聲援、御援助を頂いた。既に亡くなられた方々も少なくはないが、御健在の方々も勿論居らつしやる。御芳名を擧げることは差し控へるが、深甚の感謝を衷心より申し上げる。御芳情に十分に應へられてゐるか否かは判らないが、愚考し得る限りのことは書き得たと思つてゐる。

末筆で洵に恐縮であるが、かかる反時代的考察の書の出版を快諾して下さつた展轉社の相澤宏明會長にも同じく衷心よりの感謝を申し述べたい。

平成廿九年　八月十五日　火曜日

大東亞戰爭終戰より算へて七十二年目の日に識す

田中　卓郎

カバーデザイン　根本眞一（クリエイティブ・コンセプト）

田中　卓郎（たなか　たくらう）

昭和卅三年八月千葉縣稻毛に生まれる。以後東京都、青森縣、山形縣、靜岡縣で育つ。本籍地は山梨縣春日居町。高校卒業後、直ちに親の家を離れる。家庭教師、塾、豫備校講師等、様々な仕事をしながら早稻田大學第一文學部哲學科を卒業。昭和六十年代から平成初年の一時期、仕事を續けながら法政大學大學院哲學專攻に在籍。文學修士（哲學）。大學、大學院在籍時の専攻はギリシア哲學、分析哲學、論理學。

國體の形而上學

國體・主權・國軍・自衛權

平成二十九年十一月三日　第一刷発行

著　者　田中　卓郎

発行人　藤本　隆之

発　行　展　転　社

〒101-0051　東京都千代田区神田神保町2-46-402

ＴＥＬ　〇三（五三一四）九四七〇

ＦＡＸ　〇三（五三一四）九四八〇

振替〇〇一四〇—六—七九九九二

印刷　中央精版印刷

ISBN978-4-88656-448-1